财政部规划教材
全国中等职业学校财经类教材

财经应用数学
拓展模块

陈龙文　宋西红　主　编
方　裕　胡宏佳　副主编

经济科学出版社

图书在版编目（CIP）数据

财经应用数学：拓展模块/陈龙文，宋西红主编．—北京：经济科学出版社，2013.8

财政部规划教材．中职

ISBN 978 – 7 – 5141 – 3452 – 0

Ⅰ.①财… Ⅱ.①陈… ②宋… Ⅲ.①经济数学 – 中等专业学校 – 教材 Ⅳ.①F224.0

中国版本图书馆 CIP 数据核字（2013）第 109638 号

责任编辑：白留杰 李 剑 张占芬
责任校对：王肖楠
责任印制：李 鹏

财经应用数学拓展模块

陈龙文 宋西红 主 编
方 裕 胡宏佳 副主编

经济科学出版社出版、发行 新华书店经销
社址：北京市海淀区阜成路甲 28 号 邮编：100142
教材分社电话：010 – 88191354 发行部电话：010 – 88191522
网址：www.esp.com.cn
电子邮箱：bailiujie518@126.com
天猫网店：经济科学出版社旗舰店
网址：http://jjkxcbs.tmall.com
北京密兴印刷有限公司印装
787×1092 16 开 11 印张 250000 字
2013 年 8 月第 1 版 2013 年 8 月第 1 次印刷
ISBN 978 – 7 – 5141 – 3452 – 0 定价：28.00 元
（图书出现印装问题，本社负责调换。电话：010 – 88191502）
（版权所有 翻印必究）

编 审 说 明

本书是全国财经类职业教育院校教材．经审阅，我们同意作为全国财经类院校教材出版．书中不足之处，请读者批评指正．

财政部教材编审委员会
2013 年 7 月

财经应用数学拓展模块
编写组成员

主　编：陈龙文　宋西红
副主编：方　裕　胡宏佳
参　编：(以姓氏拼音字母为序)
　　　　方　杰　林卫民　胡晓彤　姜芹玉　匡小虎
　　　　梁　娟　路彦星　王伟文　王　刚　曾玲玲

前　　言

根据教育部新制定的《中等职业教育数学教学大纲》(试行)的精神,帮助学生夯实数学基础,掌握数学基本知识和基本技能,注意学生发展的需要,结合现阶段中等职业学校的学生实际情况,以及数学教学改革的去向,针对财经类中等职业教育学校学生学习公共基础课数学课程的需要,对财经类中等职业学校的公共基础课作了整体规划,编写了这套《财经应用数学基础模块》和《财经应用数学拓展模块》规划教材,供财经类中等职业教育学校选用。

财经应用数学"基础模块"和"拓展模块"教材的总体设计思路是:把数学作为一种有用的工具介绍给学生,注重实用,把数学知识和财经信息整合起来,使数学知识服务于财经类专业的学习。本教材供财经类中等职业学校的学生使用,建议所用课时数为《基础模块》120节及《拓展模块》80节。

一、指导思想

认真贯彻"以学生发展为本"的教育思想,突出培养学生的实践能力。考虑学生的发展需要,有利于培养学生的科学素质。教材内容尽量做到与初中有关知识联系,降低学习起点,降低理论难度;并且尽可能与财经类的专业知识相连接,努力使数学知识服务于专业,努力做好与高等职业教育相衔接,有利于学生的后续发展。

二、编写原则

以培养"知识型技能人才"为原则。教材内容选择宽广、浅显,突出数学知识在财经专业上的应用、力求简明扼要。以解决问题为原则,把必须学习和掌握的知识降低难度、浅化理论,强调实际应用。注意与其他专业课的互相协调,努力解决公共课教学与专业基础课教学脱节的现象,为财经类课程的学习打好数学基础。

三、主要特点

1. 分层编写。本教材创新了编写思路,对中等职业教育的数学知识进行了分层编写,把最基本的知识编写在《基础模块》,满足了学生学习的最低要求;把拓展延伸的知识编写在《拓展模块》,以满足进一步深造的学生的需要。

2. 贴近财经。本教材的另一特点是在内容上尽力贴近财经类的知识,大量采用含有财经类知识的例题和习题,突出了为财经类专业服务的特点。

3. 问题引入。本教材在每章的开头引言部分,都安排了一个财经类的生活例子,引入本章的教学,这样能很好地提高学生学习数学的兴趣,使学生感到学习数学的用处,也为教师在讲授本章新课时提供一个引入的例子。

4. 项目引入。为了使学生明确学习目标以及为教师备课指引思路，在每节的开头都有本节的学习目标作为本节内容的学习项目，有利于分散难点，逐个击破，使学生感到容易学，老师容易教。

5. 版式新颖。本教材的编写版式新颖，版面设计图文并茂，使用了一些学生喜爱的卡通图片，增加学生学习的趣味。

四、使用本教材的几点建议

由于本教材创新了一些编写特点，提供给教师在教学中注意的有以下几点：

1. 本教材对中等职业学校学生所需要的数学知识进行了分层编写，《基础模块》为"基础知识"，供全体学生学习，也是最低的要求；《拓展模块》为"拓展延伸"，供学有余力并且准备进一步深造的学生学习。

2. 教材中出现的大量的财经类例题和习题，我们都尽量把它数学模型化，教师们在使用的过程中要充分利用这些例题和习题。

3. 教材每章的开头都列举了贴近生活的经济例子，教师们在引入本章新课时可以用这个例子作为引入，但不要在引入时就解答它，提出问题而不解答问题，这样才能更好地引起学生学习的兴趣。

4. 教材每节的开头都设置了"学习目标"，这是提供给教师备课时作为学习项目指引的，教师在讲新课时可以把它作为学习任务向学生提出要求，让学生明确本节内容的学习任务。

在编写教材的过程中，得到了广东省财政职业技术学校和顺德陈登职业中学老师的牵头、组织以及广东省贸易职业技术学校等一批学校的帮助，在此表示衷心的感谢。同时希望各地学校专家、老师和同行在使用本教材的过程中多提宝贵意见，以便进一步修改和完善，不足之处，敬请批评指正。

编写组
2013 年 5 月

目 录

第1章　三角函数及应用 ··· 1

　§1.1　三角函数的诱导公式 ·· 1
　§1.2　两角和与两角差的三角函数 ·· 7
　§1.3　二倍角的正弦、余弦、正切公式 ······································ 11
　§1.4　三角函数的图像与性质 ·· 13
　　1.4.1　正弦函数的图像与性质 ·· 13
　　1.4.2　余弦函数的图像与性质 ·· 16
　§1.5　三角函数的应用 ·· 19
　本章知识系统结构图 ·· 24
　复习题 ··· 25
　读一读　周期现象、三角函数、三角学 ····································· 28

第2章　平面向量及应用 ··· 29

　§2.1　平面向量的概念 ·· 29
　§2.2　平面向量的线性运算 ··· 31
　　2.2.1　向量的加法、减法运算 ·· 32
　　2.2.2　向量的数乘运算 ·· 36
　§2.3　向量的数量积 ··· 39
　§2.4　平面向量的坐标表示 ··· 41
　§2.5　平面向量的坐标运算 ··· 43
　　2.5.1　平面向量线性坐标运算 ·· 43
　　2.5.2　平面向量数量积的相关坐标运算 ································· 46
　§2.6　平移公式 ··· 48
　本章知识系统结构图 ·· 51
　复习题 ··· 52
　读一读　人体有多少脂肪才算适当 ·· 54

第3章　曲线方程及应用 ··· 55

　§3.1　曲线的方程与方程的曲线 ··· 55
　§3.2　直线与直线的位置关系 ·· 59

3.2.1　两条直线的位置关系 ………………………………………… 59
　　　3.2.2　两条直线的夹角与点到直线的距离 …………………………… 61
　§3.3　圆 ……………………………………………………………………… 63
　§3.4　椭圆 …………………………………………………………………… 71
　§3.5　双曲线 ………………………………………………………………… 77
　§3.6　抛物线 ………………………………………………………………… 83
　§3.7　曲线方程的应用 ……………………………………………………… 89
　本章知识系统结构图 ………………………………………………………… 95
　复习题 ………………………………………………………………………… 96
　读一读　圆锥曲线的光学性质及其应用 …………………………………… 99

第4章　数列及应用 …………………………………………………… 101
　§4.1　数列的概念 …………………………………………………………… 101
　§4.2　等差数列 ……………………………………………………………… 103
　　　4.2.1　等差数列的定义与通项公式 …………………………………… 103
　　　4.2.2　等差数列的前 n 项和公式 …………………………………… 106
　§4.3　等比数列 ……………………………………………………………… 108
　　　4.3.1　等比数列的定义与通项公式 …………………………………… 108
　　　4.3.2　等比数列的前 n 项和公式 …………………………………… 112
　§4.4　数列的应用 …………………………………………………………… 114
　　　4.4.1　等差数列的应用 ………………………………………………… 114
　　　4.4.2　等比数列的应用 ………………………………………………… 115
　本章知识系统结构图 ………………………………………………………… 118
　复习题 ………………………………………………………………………… 119
　读一读　级数趣谈——从"$1+2+3+\cdots+n$"谈起 …………………… 121

第5章　概率、统计初步及其应用 ……………………………………… 123
　§5.1　排列与组合 …………………………………………………………… 123
　　　5.1.1　计数原理 ………………………………………………………… 123
　　　5.1.2　排列与排列数公式 ……………………………………………… 125
　　　5.1.3　组合与组合数公式 ……………………………………………… 127
　§5.2　概率初步 ……………………………………………………………… 129
　　　5.2.1　古典概率 ………………………………………………………… 129
　　　5.2.2　概率的加法公式与乘法公式 …………………………………… 132
　§5.3　统计初步 ……………………………………………………………… 137
　　　5.3.1　总体和样本 ……………………………………………………… 137
　　　5.3.2　平均数、众数和中位数 ………………………………………… 138
　　　5.3.3　极差、方差、标准差和离散系数 ……………………………… 143
　§5.4　概率与统计的应用举例 ……………………………………………… 150

5.4.1　排列与组合的应用 ································· *150*
　　5.4.2　概率的应用 ································· *152*
　　5.4.3　统计的应用 ································· *153*
本章知识系统结构图································· *158*
复习题································· *159*
读一读　概率论的起源································· *162*

第1章　三角函数及应用

三角函数在实际工作中有着非常广泛的应用，三角函数的周期性是描述客观现实世界中的重要数学模型．本章将要学习正弦函数、余弦函数的图像及其性质以及三角函数的一系列变换公式，在原来三角函数基本知识的基础上，进一步加深对三角函数概念的理解，提高用三角函数知识解决问题的能力．

我们来看这样一个问题：万联房地产发展有限公司准备出价不超过 7 000 万元投标申购一块地，用于建造商业大厦，地形形状如图所示．现测得这块地的三边长度分别是 200M，150M，100M．问：这块地每平方米的购地价是多少？

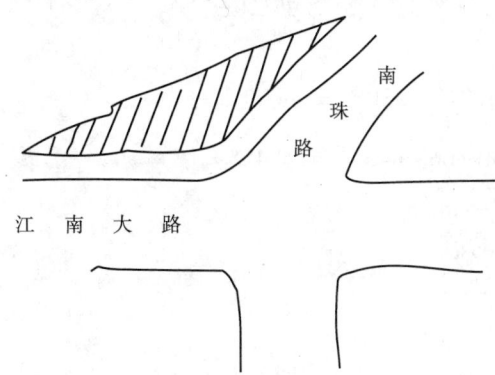

这样的问题在经济活动中随处可见，要解决它就要用到三角函数知识．

§1.1　三角函数的诱导公式

学习目标：
（1）熟练掌握三角函数诱导公式；（2）会运用诱导公式求三角函数值．

我们已经知道，任意大小的角都可以在平面直角坐标系中表示出来，如果用角 α 的三角函数来表示 $2k\pi+\alpha(k\in Z)$，$-\alpha$，$\pi\pm\alpha$，$2\pi-\alpha$，$\dfrac{\pi}{2}\pm\alpha$，$\dfrac{3\pi}{2}\pm\alpha$ 的三角函数，这些公式称为三角函数的**简化公式**．亦称"**诱导公式**"．

初中我们学习过求锐角的三角函数值，现在，我们学习如何求任意角的三角函数值．

公式一：
$$\begin{array}{ll}\sin(2k\pi+\alpha)=\sin\alpha & (k\in Z)\\ \cos(2k\pi+\alpha)=\cos\alpha & (k\in Z)\\ \tan(2k\pi+\alpha)=\tan\alpha & (k\in Z)\\ \cot(2k\pi+\alpha)=\cot\alpha & (k\in Z)\end{array}$$

利用公式一可以把求任意角的三角函数值的问题，转化为 $0°\sim 360°$（$0\sim 2\pi$）间角的三角函数值的问题．

例 1-1 求下列各三角函数值：

(1) $\sin\dfrac{13\pi}{2}$　　(2) $\cos\dfrac{17\pi}{4}$　　(3) $\tan 390°$　　(4) $\cot 405°$

解： (1) $\sin\dfrac{13\pi}{2}=\sin\left(6\pi+\dfrac{\pi}{2}\right)=\sin\dfrac{\pi}{2}=1$

(2) $\cos\dfrac{17\pi}{4}=\cos\left(4\pi+\dfrac{\pi}{4}\right)=\cos\dfrac{\pi}{4}=\dfrac{\sqrt{2}}{2}$

(3) $\tan 390°=\tan(360°+30°)=\tan 30°=\dfrac{\sqrt{3}}{3}$

(4) $\cot 405°=\cot(360°+45°)=\cot 45°=1$

公式二：
$$\begin{array}{l}\sin(-\alpha)=-\sin\alpha\\ \cos(-\alpha)=\cos\alpha\\ \tan(-\alpha)=-\tan\alpha\\ \cot(-\alpha)=-\cot\alpha\end{array}$$

公式二的记忆方法：把 α 看成第一象限角，那么 $-\alpha$ 就是第四象限角，因此它的余弦是正的，正弦、正切及余切都是负的．

例 1-2 求下列各三角函数值：

(1) $\sin(-60°)$　　(2) $\cos\left(-\dfrac{\pi}{4}\right)$　　(3) $\tan\left(-\dfrac{\pi}{6}\right)$　　(4) $\cot(-30°)$

解： (1) $\sin(-60°)=-\sin 60°=-\dfrac{\sqrt{3}}{2}$

(2) $\cos\left(-\dfrac{\pi}{4}\right)=\cos\dfrac{\pi}{4}=\dfrac{\sqrt{2}}{2}$

(3) $\tan\left(-\dfrac{\pi}{6}\right)=-\tan\dfrac{\pi}{6}=-\dfrac{\sqrt{3}}{3}$

(4) $\cot(-30°)=-\cot 30°=-\sqrt{3}$

公式三：
$$\begin{cases} \sin(\pi-\alpha) = \sin\alpha \\ \cos(\pi-\alpha) = -\cos\alpha \\ \tan(\pi-\alpha) = -\tan\alpha \\ \cot(\pi-\alpha) = -\cot\alpha \end{cases}$$

公式三的记忆方法：把 α 看成第一象限角，那么 $\pi-\alpha$ 就是第二象限角，它的正弦是正的，余弦、正切及余切都是负的．

例1-3 求下列各三角函数值：

(1) $\sin 120°$ (2) $\cos\dfrac{5\pi}{6}$ (3) $\tan 135°$ (4) $\cot\dfrac{2\pi}{3}$

解：(1) $\sin 120° = \sin(180°-60°) = \sin 60° = \dfrac{\sqrt{3}}{2}$

(2) $\cos\dfrac{5\pi}{6} = \cos\left(\pi-\dfrac{\pi}{6}\right) = -\cos\dfrac{\pi}{6} = -\dfrac{\sqrt{3}}{2}$

(3) $\tan 135° = \tan(180°-45°) = -\tan 45° = -1$

(4) $\cot\dfrac{2\pi}{3} = \cot\left(\pi-\dfrac{\pi}{3}\right) = -\cot\dfrac{\pi}{3} = -\dfrac{\sqrt{3}}{3}$

公式四：
$$\begin{cases} \sin(\pi+\alpha) = -\sin\alpha \\ \cos(\pi+\alpha) = -\cos\alpha \\ \tan(\pi+\alpha) = \tan\alpha \\ \cot(\pi+\alpha) = \cot\alpha \end{cases}$$

公式四的记忆方法：把 α 看成第一象限角，那么 $\pi+\alpha$ 就是第三象限角，它的正弦和余弦值是负的，正切值和余切值是正的．

例1-4 求下列各三角函数值：

(1) $\sin 210°$ (2) $\cos\dfrac{4\pi}{3}$ (3) $\tan\dfrac{5\pi}{4}$ (4) $\cot 240°$

解：(1) $\sin 210° = \sin(180°+30°) = -\sin 30° = -\dfrac{1}{2}$

(2) $\cos\dfrac{4\pi}{3} = \cos\left(\pi+\dfrac{\pi}{3}\right) = -\cos\dfrac{\pi}{3} = -\dfrac{1}{2}$

(3) $\tan\dfrac{5\pi}{4} = \tan\left(\pi+\dfrac{\pi}{4}\right) = \tan\dfrac{\pi}{4} = 1$

(4) $\cot 240° = \cot(180°+60°) = \cot 60° = \dfrac{\sqrt{3}}{3}$

公式五：
$$\begin{cases} \sin(2\pi-\alpha) = -\sin\alpha \\ \cos(2\pi-\alpha) = \cos\alpha \\ \tan(2\pi-\alpha) = -\tan\alpha \\ \cot(2\pi-\alpha) = -\cot\alpha \end{cases}$$

公式五的记忆方法：把 α 看成第一象限角，那么 $2\pi-\alpha$ 就是第四象限角，它的余弦值是正的，正弦值、正切值及余切值都是负的．

例 1-5 求下列各三角函数值：

(1) $\sin 330°$ (2) $\cos \dfrac{7\pi}{4}$ (3) $\tan 315°$ (4) $\cot \dfrac{5\pi}{3}$

解：(1) $\sin 330° = \sin(360°-30°) = -\sin 30° = -\dfrac{1}{2}$

(2) $\cos \dfrac{7\pi}{4} = \cos\left(2\pi - \dfrac{\pi}{4}\right) = \cos \dfrac{\pi}{4} = \dfrac{\sqrt{2}}{2}$

(3) $\tan 315° = \tan(360°-45°) = -\tan 45° = -1$

(4) $\cot \dfrac{5\pi}{3} = \cot\left(2\pi - \dfrac{\pi}{3}\right) = -\cot \dfrac{\pi}{3} = -\dfrac{\sqrt{3}}{3}$

公式一至公式五是 $2k\pi \pm \alpha (k\in Z)$、$\pi \pm \alpha$、$-\alpha$ 型诱导公式：这些角的三角函数值等于 α 的同名三角函数值，前面加上一个把 α 看成锐角时原来函数值的符号．可概述为口诀"函数名不变，符号看象限"．

公式六：
$$\begin{cases} \sin\left(\dfrac{\pi}{2}-\alpha\right) = \cos\alpha \\ \cos\left(\dfrac{\pi}{2}-\alpha\right) = \sin\alpha \\ \tan\left(\dfrac{\pi}{2}-\alpha\right) = \cot\alpha \\ \cot\left(\dfrac{\pi}{2}-\alpha\right) = \tan\alpha \end{cases}$$

例 1-6 已知 $\sin\left(\dfrac{\pi}{2}-\alpha\right) = \dfrac{3}{5}$，则 $\cos(\pi-\alpha) = $ _____．

解：∵ $\sin\left(\dfrac{\pi}{2}-\alpha\right) = \cos\alpha$

且 $\sin\left(\dfrac{\pi}{2}-\alpha\right) = \dfrac{3}{5}$

∴ $\cos\alpha = \dfrac{3}{5}$

∴ $\cos(\pi - \alpha) = -\cos\alpha = -\dfrac{3}{5}$

公式七：
$$\begin{cases} \sin\left(\dfrac{\pi}{2}+\alpha\right) = \cos\alpha \\ \cos\left(\dfrac{\pi}{2}+\alpha\right) = -\sin\alpha \\ \tan\left(\dfrac{\pi}{2}+\alpha\right) = -\cot\alpha \\ \cot\left(\dfrac{\pi}{2}+\alpha\right) = -\tan\alpha \end{cases}$$

例 1-7 已知 $\tan\left(\dfrac{\pi}{2}+\alpha\right)=2$，则 $\cot(2\pi-\alpha)=$ _____.

解：∵ $\tan\left(\dfrac{\pi}{2}+\alpha\right) = -\cot\alpha$

且 $\tan\left(\dfrac{\pi}{2}+\alpha\right) = 2$

∴ $-\cot\alpha = 2$

即 $\cot\alpha = -2$

∴ $\cot(2\pi-\alpha) = -\cot\alpha = -(-2) = 2$

公式八：
$$\begin{cases} \sin\left(\dfrac{3\pi}{2}-\alpha\right) = -\cos\alpha \\ \cos\left(\dfrac{3\pi}{2}-\alpha\right) = -\sin\alpha \\ \tan\left(\dfrac{3\pi}{2}-\alpha\right) = \cot\alpha \\ \cot\left(\dfrac{3\pi}{2}-\alpha\right) = \tan\alpha \end{cases}$$

例 1-8 已知 $\sin\left(\dfrac{3\pi}{2}-\alpha\right)=\dfrac{1}{3}$，且 $\sin\alpha > 0$，求 $\sin\alpha$ 的值.

解：∵ $\sin\left(\dfrac{3\pi}{2}-\alpha\right) = -\cos\alpha$

且 $\sin\left(\dfrac{3\pi}{2}-\alpha\right) = \dfrac{1}{3}$

∴ $-\cos\alpha = \dfrac{1}{3}$

即 $\cos\alpha = -\dfrac{1}{3}$

又∵ $\sin^2\alpha + \cos^2\alpha = 1$

∴ $\sin\alpha = \pm\sqrt{1-\cos^2\alpha} = \pm\sqrt{1-\left(\dfrac{1}{3}\right)^2} = \pm\dfrac{2\sqrt{2}}{3}$

又∵ $\sin\alpha > 0$

$$\therefore \sin\alpha = \frac{2\sqrt{2}}{3}$$

公式九：
$$\begin{cases} \sin\left(\frac{3\pi}{2}+\alpha\right) = -\cos\alpha \\ \cos\left(\frac{3\pi}{2}+\alpha\right) = \sin\alpha \\ \tan\left(\frac{3\pi}{2}+\alpha\right) = -\cot\alpha \\ \cot\left(\frac{3\pi}{2}+\alpha\right) = -\tan\alpha \end{cases}$$

例 1－9 已知 $\cos\left(\frac{3\pi}{2}+\alpha\right) = \frac{1}{5}$，且 $\cos\alpha < 0$，求 $\cos(-\alpha)$ 的值.

解： $\because \cos\left(\frac{3\pi}{2}+\alpha\right) = \sin\alpha$

且 $\cos\left(\frac{3\pi}{2}+\alpha\right) = \frac{1}{5}$

$\therefore \sin\alpha = \frac{1}{5}$

又 $\because \sin^2\alpha + \cos^2\alpha = 1$ 且 $\cos\alpha < 0$

$\therefore \cos\alpha = -\sqrt{1-\sin^2\alpha} = -\sqrt{1-\left(\frac{1}{5}\right)^2} = -\frac{2\sqrt{6}}{5}$

$\therefore \cos(-\alpha) = \cos\alpha = -\frac{2\sqrt{6}}{5}$

> 公式六至公式九是 $\frac{\pi}{2}\pm\alpha$、$\frac{3\pi}{2}\pm\alpha$ 型诱导公式：这些角的三角函数值等于 α 的异名三角函数值（正弦与余弦、正切与余切称为异名函数），前面加上一个把 α 看成锐角时原来函数值的符号. 可概述为口诀"函数名改变，符号看象限".

利用诱导公式可以把任意角的三角函数化为锐角三角函数，其一般步骤是：
(1) 利用公式二将负角的三角函数化为正角的三角函数；
(2) 利用公式一将大于 360° 角的三角函数化为 0°～360° 角的三角函数；
(3) 利用公式三、公式四、公式五或公式六、公式七、公式八、公式九将 90°～360° 角的三角函数化为锐角三角函数.

例 1－10 求 $\sin(-690°)$.

解： $\sin(-690°) = -\sin 690°$　　　　（公式二）
　　　　　　　　　$= -\sin(360°+330°)$　（公式一）
　　　　　　　　　$= -\sin 330°$
　　　　　　　　　$= -\sin(360°-30°)$　　（公式五）

$$= \sin 30° \qquad (化成锐角)$$
$$= \frac{1}{2}$$

1. 求下列各三角函数值：

   (1) $\sin \frac{13\pi}{3}$ (2) $\cos \frac{25\pi}{4}$

   (3) $\tan 750°$ (4) $\cot 1110°$

2. 求下列各三角函数的值：

   (1) $\sin\left(-\frac{\pi}{4}\right)$ (2) $\cos\left(-\frac{\pi}{6}\right)$

   (3) $\tan\left(-\frac{\pi}{6}\right)$ (4) $\cot\left(-\frac{\pi}{3}\right)$

3. 求下列各三角函数的值：

   (1) $\sin \frac{5\pi}{4}$ (2) $\cos \frac{7\pi}{6}$ (3) $\tan 240°$ (4) $\cot 210°$

4. 求下列各三角函数的值：

   (1) $\sin 135°$ (2) $\cos \frac{2\pi}{3}$ (3) $\tan 120°$ (4) $\cot 150°$

5. 求下列各三角函数的值：

   (1) $\sin \frac{5\pi}{3}$ (2) $\cos \frac{11\pi}{6}$ (3) $\tan 300°$ (4) $\cot 315°$

6. 求下列各三角函数的值：

   (1) $\sin \frac{14\pi}{3}$ (2) $\tan\left(-\frac{27\pi}{4}\right)$ (3) $\cos 240°$

   (4) $\sin\left(-\frac{11\pi}{4}\right)$ (5) $\tan \frac{25\pi}{6}$ (6) $\cos 2100°$

7. 已知 $\cot\left(\frac{\pi}{2}+\alpha\right)=2$，求 $\tan(\pi-\alpha)$ 的值.

8. 已知 $\cos\left(\frac{3\pi}{2}-\alpha\right)=\frac{1}{3}$，且 $\cos\alpha<0$，求 $\cos\alpha$ 的值.

§1.2 两角和与两角差的三角函数

学习目标：

(1) 理解并掌握两角和与差的正弦、余弦公式；(2) 理解两角和与差的正切公式；(3) 会运用和角公式来进行计算、化简和证明.

如果已知任意角 α，β 的三角函数值，求出 $\alpha+\beta$，$\alpha-\beta$ 的三角函数的公式，即两角和与差的正弦、余弦、正切公式．

1. 两角和与差的正弦

我们来看一个例子：已知 $\sin\dfrac{\pi}{2}=1$；而 $\sin\dfrac{\pi}{3}\cos\dfrac{\pi}{6}+\cos\dfrac{\pi}{3}\sin\dfrac{\pi}{6}=\dfrac{\sqrt{3}}{2}\times\dfrac{\sqrt{3}}{2}+\dfrac{1}{2}\times\dfrac{1}{2}=1$，

也就是说 $\sin\dfrac{\pi}{2}=\sin\left(\dfrac{\pi}{3}+\dfrac{\pi}{6}\right)=\sin\dfrac{\pi}{3}\cos\dfrac{\pi}{6}+\cos\dfrac{\pi}{3}\sin\dfrac{\pi}{6}=1$，由此可知：

$$\sin(\alpha+\beta)=\sin\alpha\cos\beta+\cos\alpha\sin\beta \qquad (1)$$

可以证明这个结论是正确的，（1）式就称为**两角和的正弦公式**．

再看一个例子：

$$\sin\dfrac{\pi}{6}=\sin\left(\dfrac{\pi}{2}-\dfrac{\pi}{3}\right)=\sin\left[\dfrac{\pi}{2}+\left(-\dfrac{\pi}{3}\right)\right]$$

$$=\sin\dfrac{\pi}{2}\cos\left(-\dfrac{\pi}{3}\right)+\cos\dfrac{\pi}{2}\sin\left(-\dfrac{\pi}{3}\right)$$

$$=1\times\dfrac{1}{2}+0\times\left(-\dfrac{\sqrt{3}}{2}\right)$$

$$=\dfrac{1}{2}$$

即在（1）式中，用 $-\beta$ 代替 β，就得到：

$$\sin(\alpha-\beta)=\sin\alpha\cos\beta-\cos\alpha\sin\beta \qquad (2)$$

（2）式称为**两角差的正弦公式**．

注意：我们通常把两角和与差的正弦公式称为"异名同号"．

例 1-11 不用计算器，求 $\sin 75°$ 和 $\sin 15°$ 的值．

解： $\sin 75°=\sin(45°+30°)$

$=\sin 45°\cos 30°+\cos 45°\sin 30°$

$=\dfrac{\sqrt{2}}{2}\times\dfrac{\sqrt{3}}{2}+\dfrac{\sqrt{2}}{2}\times\dfrac{1}{2}$

$=\dfrac{\sqrt{6}+\sqrt{2}}{4}$

$\sin 15°=\sin(45°-30°)$

$=\sin 45°\cos 30°-\cos 45°\sin 30°$

$=\dfrac{\sqrt{2}}{2}\times\dfrac{\sqrt{3}}{2}-\dfrac{\sqrt{2}}{2}\times\dfrac{1}{2}$

$$= \frac{\sqrt{6}-\sqrt{2}}{4}$$

2. 两角和与差的余弦

对于任意角 α, β, 由诱导公式可知：

$$\sin\left(\frac{\pi}{2}-\alpha\right)=\cos\alpha, \quad \cos\left(\frac{\pi}{2}-\alpha\right)=\sin\alpha$$

从而可知，$\cos(\alpha+\beta)=\sin\left[\frac{\pi}{2}-(\alpha+\beta)\right]$

$$=\sin\left[\left(\frac{\pi}{2}-\alpha\right)-\beta\right]$$

$$=\sin\left(\frac{\pi}{2}-\alpha\right)\cos\beta-\cos\left(\frac{\pi}{2}-\alpha\right)\sin\beta$$

$$=\cos\alpha\cos\beta-\sin\alpha\sin\beta$$

即： $\cos(\alpha+\beta)=\cos\alpha\cos\beta-\sin\alpha\sin\beta$ (1)

（1）式称为**两角和的余弦公式**.

在（1）式中，用 $-\beta$ 代替 β，可得到：

$$\cos(\alpha-\beta)=\cos\alpha\cos\beta+\sin\alpha\sin\beta \tag{2}$$

（2）式称为**两角差的余弦公式**.

> 注意：我们通常把两角和与差的余弦公式称为"同名异号".

例 1-12 不用计算器，求 $\cos 105°$，$\cos 15°$ 的值.

解：$\cos 105° = \cos(60°+45°)$

$$=\cos 60°\cos 45°-\sin 60°\sin 45°$$

$$=\frac{\sqrt{2}-\sqrt{6}}{4}$$

$\cos 15° = \cos(45°-30°)$

$$=\cos 45°\cos 30°+\sin 45°\sin 30°$$

$$=\frac{\sqrt{6}+\sqrt{2}}{4}$$

例 1-13 已知 $\sin\alpha=\frac{3}{5}$，$\alpha\in\left(\frac{\pi}{2}, \pi\right)$，且 $\cos\beta=-\frac{1}{3}$，$\beta\in\left(\pi,\frac{3}{2}\pi\right)$，求 $\sin(\alpha+\beta)$，$\cos(\alpha-\beta)$ 的值.

解：$\because \sin\alpha=\frac{3}{5}, \alpha\in\left(\frac{\pi}{2},\pi\right)$，且 $\sin^2\alpha+\cos^2\alpha=1$

$$\therefore \cos\alpha=-\sqrt{1-\sin^2\alpha}=-\sqrt{1-\left(\frac{3}{5}\right)^2}=-\frac{4}{5}$$

又∵ $\cos\beta = -\dfrac{1}{3}$，$\beta \in \left(\pi, \dfrac{3}{2}\pi\right)$，且 $\sin^2\beta + \cos^2\beta = 1$

∴ $\sin\beta = -\sqrt{1-\cos^2\beta} = -\sqrt{1-\left(-\dfrac{1}{3}\right)^2} = -\dfrac{2}{3}\sqrt{2}$

由和角公式得：

$\sin(\alpha+\beta) = \sin\alpha\cos\beta + \cos\alpha\sin\beta$

$= \dfrac{3}{5} \times \left(-\dfrac{1}{3}\right) + \left(-\dfrac{4}{5}\right) \times \left(-\dfrac{2}{3}\sqrt{2}\right)$

$= \dfrac{8\sqrt{2}-3}{15}$

$\cos(\alpha-\beta) = \cos\alpha\cos\beta + \sin\alpha\sin\beta$

$= -\dfrac{4}{5} \times \left(-\dfrac{1}{3}\right) + \dfrac{3}{5} \times \left(-\dfrac{2}{3}\sqrt{2}\right)$

$= \dfrac{4-6\sqrt{2}}{15}$

3. 两角和与差的正切

当 $\cos(\alpha+\beta) \neq 0$ 时，由正切的定义可知，

$\tan(\alpha+\beta) = \dfrac{\sin(\alpha+\beta)}{\cos(\alpha+\beta)}$

$= \dfrac{\sin\alpha\cos\beta + \cos\alpha\sin\beta}{\cos\alpha\cos\beta - \sin\alpha\sin\beta}$

$= \dfrac{\tan\alpha + \tan\beta}{1 - \tan\alpha \cdot \tan\beta}$

即： $\tan(\alpha+\beta) = \dfrac{\tan\alpha + \tan\beta}{1 - \tan\alpha \cdot \tan\beta}$ (1)

（1）式称为**两角和的正切公式**.

在（1）式中，用 $-\beta$ 代替 β，可得到：

$\tan(\alpha-\beta) = \dfrac{\tan\alpha - \tan\beta}{1 + \tan\alpha \cdot \tan\beta}$ (2)

（2）式称为**两角差的正切公式**.

例 1-14 不用计算器，求下列各式的值.

（1） $\tan 15°$ （2） $\dfrac{\tan 13° + \tan 47°}{1 - \tan 13°\tan 47°}$

解：（1） $\tan 15° = \tan(45° - 30°)$

$= \dfrac{\tan 45° - \tan 30°}{1 + \tan 45°\tan 30°}$

$= 2 - \sqrt{3}$

（2） $\dfrac{\tan 13° + \tan 47°}{1 - \tan 13°\tan 47°} = \tan(13° + 47°)$

= tan 60°
= $\sqrt{3}$

练习1.2

练一练 想一想

1. 不用计算器，求出下列各式的值.

(1) $\sin 105°$

(2) $\sin(-165°)$

(3) $\sin\left(-\dfrac{5}{12}\pi\right)$

(4) $\sin 70°\cos 25° - \cos 70°\sin 25°$

(5) $\cos 70°\cos 65° - \sin 70°\sin 65°$

(6) $\dfrac{\tan\dfrac{5}{12}\pi - \tan\dfrac{\pi}{6}}{1 + \tan\dfrac{5}{12}\pi \tan\dfrac{\pi}{6}}$

2. 化简：

(1) $\cos(\alpha-15°)\cos(\alpha+15°) - \sin(\alpha-15°)\sin(\alpha+15°)$

(2) $\sin\left(\dfrac{\pi}{3}+\alpha\right) + \sin\left(\dfrac{\pi}{3}-\alpha\right)$

(3) $\dfrac{\tan 53° - \cot 67°}{1 + \tan 53°\tan 23°}$

(4) $\dfrac{1 + \tan 15°}{1 - \tan 15°}$

3. 已知 $\sin\alpha = \dfrac{1}{3}$，$\alpha \in \left(\dfrac{\pi}{2}, \pi\right)$，求 $\cos\left(\alpha+\dfrac{\pi}{3}\right)$，$\cos\left(\alpha-\dfrac{\pi}{3}\right)$ 的值.

4. 已知 $\cos\alpha = \dfrac{15}{17}$，$\alpha \in \left(\dfrac{\pi}{2}, \pi\right)$，求 $\sin\left(\dfrac{\pi}{6}-\alpha\right)$，$\sin\left(\alpha+\dfrac{\pi}{6}\right)$ 的值.

5. 已知 $\sin\alpha = \dfrac{2}{3}$，$\cos\beta = -\dfrac{3}{4}$，且 α，β 都是第二象限的角，求 $\sin(\alpha+\beta)$，$\cos(\alpha-\beta)$ 的值.

6. 已知 $\tan\alpha = \dfrac{2}{5}$，$\tan\beta = \dfrac{4}{7}$，求 $\tan(\alpha+\beta)$ 的值.

§1.3 二倍角的正弦、余弦、正切公式

学习目标：
（1）理解三角函数的二倍角公式；（2）会运用二倍角公式来求值、化简、计算.

我们已经学习了和角公式，在和角公式中，令 $\alpha = \beta$，就可以得到相应的**二倍角公式**，

第1章 三角函数及应用

即：
$$\begin{aligned}\sin2\alpha &= 2\sin\alpha\cos\alpha \\ \cos2\alpha &= \cos^2\alpha - \sin^2\alpha \\ &= 2\cos^2\alpha - 1 \\ &= 1 - 2\sin^2\alpha \\ \tan2\alpha &= \frac{2\tan\alpha}{1-\tan^2\alpha}\end{aligned}$$ (1)

有了二倍角公式，就可以用单角的三角函数表示二倍角的三角函数．

对倍角公式要会灵活运用，如 $\sin4\alpha = 2\sin2\alpha\cos2\alpha$，$\sin\alpha = 2\sin\dfrac{\alpha}{2}\cos\dfrac{\alpha}{2}$ 等，在倍角的余弦公式中给出的三个单角表达式，可根据不同的要求选用，有时还会应用到如下的变形：

$$\sin^2\alpha = \frac{1-\cos2\alpha}{2} \qquad \cos^2\alpha = \frac{1+\cos2\alpha}{2}$$

这两个公式，把角 α 的正弦或余弦的平方用 2α 的余弦来表示，称为**降幂公式**；而把 $\cos2\alpha = 2\cos^2\alpha - 1 = 1 - 2\sin^2\alpha$ 称为**升幂公式**．

例 1-15 已知 $\sin\alpha = \dfrac{12}{13}$，$\alpha \in \left(\dfrac{\pi}{2}, \pi\right)$，求 $\sin2\alpha$，$\cos2\alpha$，$\tan2\alpha$ 的值．

解：$\because \sin\alpha = \dfrac{12}{13}$，$\alpha \in \left(\dfrac{\pi}{2}, \pi\right)$，且 $\sin^2\alpha + \cos^2\alpha = 1$

$\therefore \cos\alpha = -\sqrt{1-\sin^2\alpha} = -\dfrac{5}{13}$

$\tan\alpha = \dfrac{\sin\alpha}{\cos\alpha} = -\dfrac{12}{5}$

由二倍角公式可得：

$\sin2\alpha = 2\sin\alpha\cos\alpha = 2 \times \dfrac{12}{13} \times \left(-\dfrac{5}{13}\right) = -\dfrac{120}{169}$

$\cos2\alpha = 1 - 2\sin^2\alpha = 1 - 2 \times \left(\dfrac{12}{13}\right)^2 = -\dfrac{119}{169}$

$\tan2\alpha = \dfrac{2\tan\alpha}{1-\tan^2\alpha} = \dfrac{2 \times \left(-\dfrac{12}{5}\right)}{1-\left(-\dfrac{12}{5}\right)^2} = \dfrac{120}{119}$

例 1-16 已知 $\tan\theta = 2$，求 $\dfrac{\sin2\theta - \cos2\theta}{1+\cos^2\theta}$ 的值．

解：$\because \dfrac{\sin2\theta - \cos2\theta}{1+\cos^2\theta} = \dfrac{2\sin\theta\cos\theta - (\cos^2\theta - \sin^2\theta)}{(\sin^2\theta + \cos^2\theta) + \cos^2\theta}$

$= \dfrac{2\sin\theta\cos\theta - \cos^2\theta + \sin^2\theta}{\sin^2\theta + 2\cos^2\theta}$

$= \dfrac{2\tan\theta - 1 + \tan^2\theta}{\tan^2\theta + 2}$

$= \dfrac{2 \times 2 - 1 + 2^2}{2 + 2^2}$

$= \dfrac{7}{6}$

1. 利用二倍角公式，求下列各式的值.

(1) $\cos^2 \dfrac{\pi}{8} - \sin^2 \dfrac{\pi}{8}$

(2) $1 - 2\sin^2 \dfrac{\pi}{12}$

(3) $\dfrac{2\tan \dfrac{\pi}{8}}{1 - \tan^2 \dfrac{\pi}{8}}$

(4) $\sin 15° \cos 15°$

(5) $1 - 2\sin 165° \cos 75°$

(6) $-2\sin 75° \cos 75°$

2. 化简下列各式：

(1) $\cos^4 \alpha - \sin^4 \alpha$ (2) $(\sin\alpha - \cos\alpha)^2$

(3) $\sin \dfrac{\alpha}{2} \cos \dfrac{\alpha}{2}$ (4) $\dfrac{1}{1-\tan\alpha} - \dfrac{1}{1+\tan\alpha}$

3. 已知 $\cos\alpha = -\dfrac{4}{5}$，$\alpha \in \left(\pi, \dfrac{3}{2}\pi\right)$，求 $\sin 2\alpha$，$\cos 2\alpha$，$\tan 2\alpha$ 的值.

4. 已知 $\sin \dfrac{\alpha}{2} = \dfrac{5}{13}$，$\alpha \in \left(\dfrac{\pi}{2}, \pi\right)$，求 $\sin\alpha$，$\cos\alpha$，$\tan\alpha$ 的值.

5. 已知 $\tan\alpha = 2$，求 $\tan 2\alpha$ 的值.

6. 若 $\sin x = \dfrac{\sqrt{5}-1}{2}$，求 $\sin 2\left(x - \dfrac{\pi}{4}\right)$ 的值.

§1.4 三角函数的图像与性质

1.4.1 正弦函数的图像与性质

学习目标：
（1）了解正弦函数图像；（2）理解正弦函数的性质；（3）会运用正弦函数性质求最大、最小值以及周期.

1. 正弦函数的图像

正弦函数的图像可以采用"五点法"作出．例如用"五点法"作出 $y = \sin x$，$x \in [0, 2\pi]$ 的简图.

（1）列表，见表1-1.
（2）描点并连线，见图1-1.

表1-1

x	0	$\frac{\pi}{2}$	π	$\frac{3\pi}{2}$	2π
$\sin x$	0	1	0	-1	0

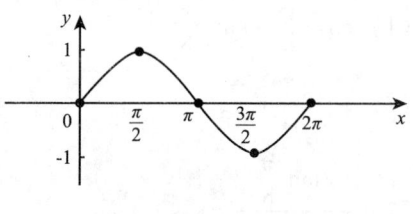

图1-1

因为 $\sin(2k\pi + x) = \sin x$，$k \in Z$，所以正弦函数 $y = \sin x$，在 $x \in [-2\pi, 0]$，$x \in [2\pi, 4\pi]$，$x \in [4\pi, 6\pi]$，…时的图像与在 $x \in [0, 2\pi]$ 的图像完全一样，只是位置不同.

因此，正弦函数 $y = \sin x$，$x \in R$ 的图像见图1-2.

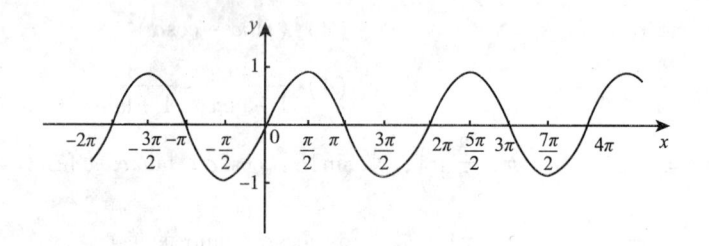

图1-2

正弦函数 $y = \sin x$，$x \in R$ 的图像叫做**正弦曲线**.

> 通过与 $y = \sin x$，$x \in [0, 2\pi]$ 的图像相比较，可以看出只要把 $y = \sin x$，$x \in [0, 2\pi]$ 的图像向左和向右平移 2π，4π，…个单位，就可以得到 $y = \sin x$，$x \in R$ 的图像.

2. 正弦函数的性质

（1）定义域：$x \in R$.

（2）值域：$y \in [-1, 1]$. 正弦函数 $y = \sin x$，$x \in R$ 的最大值是1，最小值是-1，即 $-1 \leqslant \sin x \leqslant 1$.

（3）周期性：$T = 2\pi$.

（4）奇偶性：由 $\sin(-x) = -\sin x$，可知正弦函数是奇函数，其图像关于坐标原点对称.

（5）单调性：由图像可知，正弦函数 $y = \sin x$ 在闭区间 $\left[-\frac{\pi}{2} + 2k\pi, \frac{\pi}{2} + 2k\pi \right]$ $(k \in Z)$

上是增函数，在闭区间 $\left[\dfrac{\pi}{2}+2k\pi, \dfrac{3\pi}{2}+2k\pi\right](k\in Z)$ 上是减函数.

例 1-17 求函数 $y=2+\sin x$ 的最大值、最小值和周期.

解：因为 $-1\leq \sin x\leq 1$，所以 $-1+2\leq \sin x+2\leq 1+2$，即 $1\leq \sin x+2\leq 3$，故函数 $y=2+\sin x$ 的最大值是 3，最小值是 1，周期与函数 $y=\sin x$ 相同，都是 2π.

例 1-18 不求值，比较下列各对正弦值的大小：

(1) $\sin 23°$ 与 $\sin 32°$　　　　(2) $\sin \dfrac{7\pi}{8}$ 与 $\sin \dfrac{5\pi}{8}$

解：(1) 因为 $23° < 32°$，且 $23°\in [-90°, 90°]$，$32°\in [-90°, 90°]$，又因为函数 $y=\sin x$ 在 $[-90°, 90°]$ 上是增函数，所以 $\sin 23° < \sin 32°$.

(2) 因为 $\dfrac{7\pi}{8} > \dfrac{5\pi}{8}$，且 $\dfrac{7\pi}{8}\in \left[\dfrac{\pi}{2}, \dfrac{3\pi}{2}\right]$，$\dfrac{5\pi}{8}\in \left[\dfrac{\pi}{2}, \dfrac{3\pi}{2}\right]$，又因为函数 $y=\sin x$ 在 $\left[\dfrac{\pi}{2}, \dfrac{3\pi}{2}\right]$ 上是减函数，所以 $\sin \dfrac{7\pi}{8} < \sin \dfrac{5\pi}{8}$.

例 1-19 比较 $\sin \dfrac{9\pi}{5}$ 与 $\sin \dfrac{8\pi}{5}$ 的大小.

解：因为 $\sin \dfrac{9\pi}{5} = \sin\left(2\pi - \dfrac{\pi}{5}\right) = -\sin \dfrac{\pi}{5}$，$\sin \dfrac{8\pi}{5} = \sin\left(2\pi - \dfrac{2\pi}{5}\right) = -\sin \dfrac{2\pi}{5}$，又因为 $\dfrac{\pi}{5} < \dfrac{2\pi}{5}$，且 $\dfrac{\pi}{5}\in \left[-\dfrac{\pi}{2}, \dfrac{\pi}{2}\right]$，$\dfrac{2\pi}{5}\in \left[-\dfrac{\pi}{2}, \dfrac{\pi}{2}\right]$，而函数 $y=\sin x$ 在 $\left[-\dfrac{\pi}{2}, \dfrac{\pi}{2}\right]$ 上是增函数，所以 $\sin \dfrac{\pi}{5} < \sin \dfrac{2\pi}{5}$，故 $-\sin \dfrac{\pi}{5} > -\sin \dfrac{2\pi}{5}$，从而得知 $\sin \dfrac{9\pi}{5} > \sin \dfrac{8\pi}{5}$.

> 比较两个函数值的大小通常分为两个步骤：
> (1) 先判断这两个角在哪个单调区间；(2) 根据在这个区间该函数的单调性再比较大小.

3. 正弦型函数 $y=A\sin(\omega x+\varphi)$ 的性质

形如 $y=A\sin(\omega x+\varphi)$ 的函数称为**正弦型函数**（其中 A，ω，φ 是常数，且 $A\neq 0$，$\omega > 0$）.

(1) 定义域：$x\in R$.
(2) 值域：$y\in [-A, A]$.
(3) 周期：$T=\dfrac{2\pi}{\omega}$.

例 1-20 求函数 $y=2\sin\left(2x+\dfrac{\pi}{3}\right)$ 的最大值、最小值和最小正周期.

解：由题意可知 $A=2$，$\omega=2$，因此最大值是 2；最小值是 -2；最小正周期是 $T=\dfrac{2\pi}{\omega}$

$=\dfrac{2\pi}{2}=\pi$

例 1-21 求函数 $y=1-\dfrac{1}{2}\sin\left(\dfrac{1}{3}x-\dfrac{\pi}{4}\right)$ 的最大值、最小值和最小正周期.

解：由题意可知，$A=\dfrac{1}{2}$，$\varpi=\dfrac{1}{3}$，所以，最大值是 $1+\dfrac{1}{2}=\dfrac{3}{2}$；最小值是 $1-\dfrac{1}{2}=\dfrac{1}{2}$

最小正周期是 $T=\dfrac{2\pi}{\varpi}=\dfrac{2\pi}{\dfrac{1}{3}}=6\pi$.

---

1. 根据函数 $y=\sin x$ 的图像，指出其在 $[0,2\pi]$ 的单调区间.

2. 求下列函数的最大值、最小值和最小正周期.
   (1) $y=3\sin x-1$
   (2) $y=-2\sin x$
   (3) $y=2\sin\left(x-\dfrac{\pi}{3}\right)$

3. 不求值，比较下列各对函数值的大小.
   (1) $\sin 80°$ 与 $\sin 81°$
   (2) $\sin\dfrac{10\pi}{9}$ 与 $\sin\dfrac{11\pi}{9}$
   (3)* $\sin\dfrac{13\pi}{7}$ 与 $\sin\dfrac{12\pi}{7}$

4. 观察正弦曲线，写出满足下列条件的 x 的区间.
   (1) $\sin x>0$
   (2) $\sin x<0$

5. 求函数 $y=3\sin\left(\dfrac{1}{2}x+\dfrac{\pi}{4}\right)$ 的最大值、最小值和最小正周期.

1.4.2 余弦函数的图像与性质

学习目标：
（1）了解余弦函数图像；（2）理解余弦函数的性质；（3）会运用余弦函数性质求最大、最小值以及周期.

1. 余弦函数的图像

余弦函数的图像，也可以用"五点法"作图得到. 例如用"五点法"作出 $y=\cos x$，$x\in[0,2\pi]$ 的简图.
（1）列表，见表 1-2.

表 1-2

x	0	$\dfrac{\pi}{2}$	π	$\dfrac{3\pi}{2}$	2π
$\cos x$	1	0	-1	0	1

(2) 描点并连线, 见图 1-3.

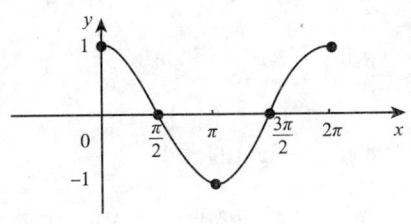

图 1-3

因为 $\cos(2k\pi + x) = \cos x, k \in Z$, 所以余弦函数 $y = \cos x$, 在 $x \in [-2\pi, 0]$, $x \in [2\pi, 4\pi]$, $x \in [4\pi, 6\pi]$, … 时的图像与在 $x \in [0, 2\pi]$ 的图像完全一样, 只是位置不同. 由此可知余弦函数 $y = \cos x$, $x \in R$ 的图像见图 1-4.

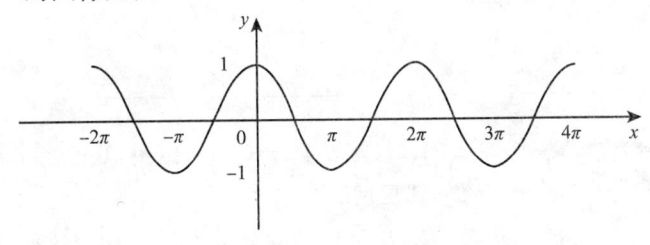

图 1-4

余弦函数 $y = \cos x$, $x \in R$ 的图像叫做**余弦曲线**.

> 通过与 $y = \cos x$, $x \in [0, 2\pi]$ 的图像相比较, 可以看出, 只要把 $y = \cos x$, $x \in [0, 2\pi]$ 的图像向左和向右平移 2π, 4π, … 个单位, 就可以得到 $y = \cos x$, $x \in R$ 的图像.

2. 余弦函数的性质

(1) 定义域: $x \in R$.

(2) 值域: $y \in [-1, 1]$.

余弦函数 $y = \cos x$ 的最大值是 1, 最小值是 -1. 即 $-1 \leqslant \cos x \leqslant 1$.

(3) 周期性: $T = 2\pi$.

(4) 奇偶性: 由 $\cos(-x) = \cos x$, 可知余弦函数是偶函数, 其图像关于 y 轴对称.

(5) 单调性: 由图像可知, 余弦函数 $y = \cos x$ 在闭区间 $[\pi + 2k\pi, 2\pi + 2k\pi]$ $(k \in Z)$ 上是增函数, 在闭区间 $[2k\pi, \pi + 2k\pi]$ $(k \in Z)$ 上是减函数.

例1-22 不求值，比较下列各组余弦值的大小.

(1) $\cos 231°$ 与 $\cos 232°$. (2) $\cos \dfrac{3\pi}{5}$ 和 $\cos \dfrac{4\pi}{9}$.

解：(1) 因为 $231° < 232°$，且 $231° \in [180°, 270°]$，$232° \in [180°, 270°]$，又因为 $y = \cos x$ 在 $[180°, 270°]$ 上是增函数，所以 $\cos 231° < \cos 232°$.

(2) 因为 $\dfrac{3\pi}{5} < \dfrac{4\pi}{9}$，且 $\dfrac{3\pi}{5} \in [0, \pi]$，$\dfrac{4\pi}{9} \in [0, \pi]$. 又因为 $y = \cos x$ 在 $[0, \pi]$ 上是减函数，所以 $\cos \dfrac{3\pi}{5} > \cos \dfrac{4\pi}{9}$.

例1-23 比较 $\cos\left(-\dfrac{5\pi}{4}\right)$ 和 $\cos\left(-\dfrac{6\pi}{5}\right)$ 的大小.

解：因为 $\cos\left(-\dfrac{5\pi}{4}\right) = \cos \dfrac{5\pi}{4}$，$\cos\left(-\dfrac{6\pi}{5}\right) = \cos \dfrac{6\pi}{5}$，$\dfrac{5\pi}{4} > \dfrac{6\pi}{5}$，且 $\dfrac{6\pi}{5} \in [\pi, 2\pi]$，$\dfrac{5\pi}{4} \in [\pi, 2\pi]$.

又因为 $y = \cos x$ 在 $[\pi, 2\pi]$ 上是增函数，所以 $\cos \dfrac{5\pi}{4} > \cos \dfrac{6\pi}{5}$，从而 $\cos\left(-\dfrac{5\pi}{4}\right) > \cos\left(-\dfrac{6\pi}{5}\right)$.

练习1.4.2

1. 根据函数 $y = \cos x$ 的图像，指出其在 $[0, 2\pi]$ 上的单调区间.

2. 求下列函数的最大值、最小值和最小正周期.

(1) $y = \cos 3x$

(2) $y = 1 + \cos x$

(3) $y = 2\cos\left(x - \dfrac{\pi}{3}\right)$

3. 不求值，比较下列各对函数值的大小.

(1) $\cos 250°$ 与 $\cos 260°$

(2) $\cos \dfrac{\pi}{5}$ 与 $\cos \dfrac{\pi}{4}$

(3) $\cos\left(-\dfrac{9\pi}{7}\right)$ 与 $\cos\left(-\dfrac{8\pi}{7}\right)$

4. 观察余弦曲线，写出满足下列条件的 x 的区间.

(1) $\cos x > 0$ (2) $\cos x < 0$

习题1.4

1. 不求值，比较下列各对函数的大小.

(1) $\sin 100°$ 与 $\sin 110°$

(2) $\sin \dfrac{8}{7}\pi$ 与 $\sin \dfrac{10}{7}\pi$

(3) $\cos 65°$ 与 $\cos 70°$

(4) $\cos \dfrac{5}{8}\pi$ 与 $\cos \dfrac{7}{8}\pi$

2. 写出函数 $y = \sin\left(2x - \dfrac{\pi}{6}\right)$ 在 $[0, 2\pi]$ 内的递增区间和递减区间.

3. 求下列函数的最大值、最小值和最小正周期.

(1) $y = \sin\left(x - \dfrac{\pi}{6}\right)$ (2) $y = 2 - \sin x$ (3) $y = 3\cos 4x$ (4) $y = \cos\dfrac{4}{3}x + 1$

4. 求函数 $y = 1 - 5\sin\left(3x + \dfrac{\pi}{3}\right)$ 的最大值、最小值和最小正周期.

5. 在 $[0, 2\pi]$ 上,求满足 $\sin x \geq \dfrac{1}{2}$ 的 x 的取值范围.

§1.5 三角函数的应用

学习目标:
(1) 掌握正弦定理、余弦定理及三角形面积公式;(2) 了解三角函数在生活中的简单应用.

一个三角形有三条边和三个角,称为三角形的六个元素.只要知道了其中的三个元素(至少一个是边),就可以求出其余的三个元素.这叫做**解三角形**.

1. 三角函数常用定理及公式

(1) 正弦定理.在三角形 ABC 中, $\dfrac{a}{\sin A} = \dfrac{b}{\sin B} = \dfrac{c}{\sin C}$

(2) 余弦定理.在三角形 ABC 中:
$a^2 = b^2 + c^2 - 2bc\cos A$
$b^2 = a^2 + c^2 - 2ac\cos B$
$c^2 = a^2 + b^2 - 2ab\cos C$

或者: $\cos A = \dfrac{b^2 + c^2 - a^2}{2bc}$

$\cos B = \dfrac{a^2 + c^2 - b^2}{2ac}$

$\cos C = \dfrac{a^2 + b^2 - c^2}{2ab}$

(3) 三角形面积公式.在三角形 ABC 中:

① $S_{\triangle ABC} = \dfrac{1}{2}ah$ (其中 a、h 分别是三角形的一边和这边上的高).

② $S_{\triangle ABC} = \frac{1}{2}bc\sin A = \frac{1}{2}ac\sin B = \frac{1}{2}ab\sin C.$

2. 三角函数的应用

（1）解三角形.

例 1-24 在图 1-5 的三角形 ABC 中，已知 $a=3$，$\angle A = 60°$，$\angle B = 45°$，求 b.

图 1-5

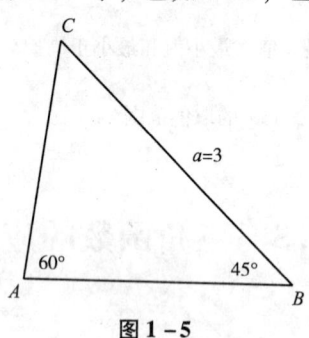

解：由正弦定理 $\frac{a}{\sin A} = \frac{b}{\sin B}$，得：$b = \frac{a\sin B}{\sin A} = \frac{3 \times \sin 45°}{\sin 60°} = \frac{3 \times \frac{\sqrt{2}}{2}}{\frac{\sqrt{3}}{2}} = \sqrt{6}$，所以 $b = \sqrt{6}$.

例 1-25 在图 1-6 的三角形 ABC 中，已知 $a=20$，$b=15$，$c=10$，求 $S_{\triangle ABC}$.

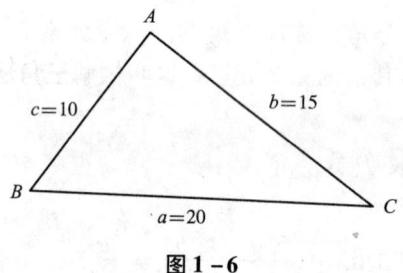

图 1-6

分析：由面积公式可知，已知两边及其夹角的正弦值可以求出三角形的面积. 因此先要由余弦定理求出一个角的余弦值，然后再求出该角的正弦值.

解：由余弦定理可知：

$$\cos A = \frac{b^2 + c^2 - a^2}{2bc} = \frac{15^2 + 10^2 - 20^2}{2 \times 15 \times 10} = -\frac{1}{4}$$

从而：$\sin A = \sqrt{1 - \cos^2 A} = \sqrt{1 - \left(-\frac{1}{4}\right)^2} = \frac{\sqrt{15}}{4}$

所以：$S_{\triangle ABC} = \frac{1}{2}bc\sin A$

$= \frac{1}{2} \times 15 \times 10 \times \frac{\sqrt{15}}{4}$

$= \frac{75\sqrt{15}}{4}$

例1-26 在△ABC中，已知$a=2\sqrt{3}$，$c=2$，$C=30°$（见图1-7），求b和△ABC的面积.

解一：由正弦定理$\dfrac{a}{\sin A}=\dfrac{c}{\sin C}$得：$\dfrac{2\sqrt{3}}{\sin A}=\dfrac{2}{\sin 30°}$

∴ $\sin A=\dfrac{\sqrt{3}}{2}$

∴ $A=60°$ 或 $A=120°$

∴ $B=90°$ 或 $B=30°$

又由$\dfrac{b}{\sin B}=\dfrac{c}{\sin C}=\dfrac{2}{\sin 30°}$解得：

$\begin{cases}b=4\\S_{\triangle ABC}=2\sqrt{3}\end{cases}$ 或 $\begin{cases}b=2\\S_{\triangle ABC}=\sqrt{3}\end{cases}$

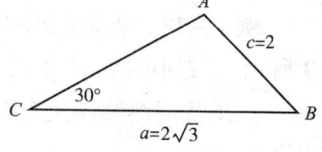

解二：由余弦定理可知：$c^2=a^2+b^2-2ab\cos C$ 得：$2^2=(2\sqrt{3})^2+b^2-2\times 2\sqrt{3}b\cos 30°$

整理得：$b^2-6b+8=0$

∴ $b=4$ 或 $b=2$

从而得：$\begin{cases}b=4\\S_{\triangle ABC}=2\sqrt{3}\end{cases}$ 或 $\begin{cases}b=2\\S_{\triangle ABC}=\sqrt{3}\end{cases}$

图1-7

> 在三角形中，正弦定理可解决：
> (1) 已知两角及一边，求其他边和角．(2) 已知两边及其中一边的对角，求其他边和角．
> 余弦定理可解决：
> (1) 已知三边，求三个角．(2) 已知两边及夹角，求其他边和角．

(2) 三角函数在生活中的简单应用.

例1-27 小明想测量塔CD的高度．他在A处仰望塔顶，测得仰角为$30°$，再往塔的方向前进$30m$至B处．测得仰角为$45°$（如图1-8所示）．

那么该塔有多高？（小明的身高忽略不计）．（已知$\sin 15°=\dfrac{\sqrt{6}-\sqrt{2}}{4}$）．

解：$\angle ABD=180°-45°=135°$

又由外角定理可知，

$\angle ADB=45°-30°=15°$

在三角形ABD中，由正弦定理可知：

$\dfrac{|AB|}{\sin\angle ADB}=\dfrac{|AD|}{\sin\angle ABD}$，$\dfrac{30}{\sin 15°}=\dfrac{|AD|}{\sin 135°}$

所以：$|AD|=\dfrac{30\times \sin 135°}{\sin 15°}$

第1章 三角函数及应用

图 1-8

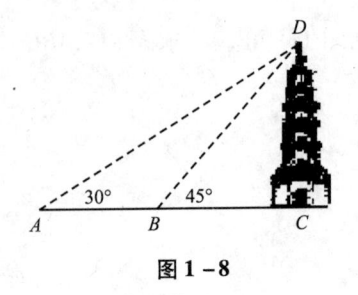

$$=\frac{30\times\frac{\sqrt{2}}{2}}{\frac{\sqrt{6}-\sqrt{2}}{4}}=30(\sqrt{3}+1)$$

在直角三角形 ACD 中，∵ ∠CAD = 30°，∴ $|CD|=\frac{1}{2}$

$$|AD|=\frac{30(\sqrt{3}+1)}{2}=15(\sqrt{3}+1)$$

答：塔高 15($\sqrt{3}$+1) 米．

例 1-28 货轮在小岛 A 的南偏西 60°的 B 处以 10 海里/小时向正东方向航行（如图 1-9 所示），2 小时后到达 C，这时测得 C 在 A 南偏东 30°处，已知小岛周围 15 海里之内有暗礁，如果货船继续向正东方向行驶，是否会触礁？

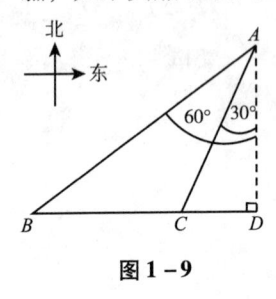

图 1-9

解：依题意，问题可转化为当货船到达小岛的正南方向 D 时，AD 的距离是否大于 15 海里．如果大于 15 海里，货船不触礁，否则有触礁的危险．设货船到达 D 时，AD 的距离为 x 海里，BC 的距离是 10×2=20（海里）．

因为，$\tan 30°=\frac{|CD|}{|AD|}$，所以：$|CD|=|AD|\tan 30°=\frac{\sqrt{3}}{3}x$．

又因为，$\tan 60°=\frac{|BD|}{|AD|}$，所以：$|BD|=|AD|\tan 60°=\sqrt{3}x$．

由 $|BD|-|CD|=|BC|$，得方程 $\sqrt{3}x-\frac{\sqrt{3}}{3}x=20$，解得：$x=10\sqrt{3}$，($\sqrt{3}\approx 1.732$) 即 $AD=10\sqrt{3}>15$．

答：货船继续向正东方向行驶，不会触礁．

练习 1.5

1. 为测一河两岸相对两线杆 A，B 的距离，在距 A 点 15 米的 C 处（AC⊥AB），测得 ∠ACB = 60°，如图 1-10 所示，则 A、B 间的距离应为多少米？

2. 一灯柱 AB 被一钢缆 CD 固定，CD 与地面成 30°夹角，且 DB = 3 米（如图 1-11 所示），若在 C 点上方 2 米 E 点处加固另一条钢缆 ED，那么钢缆 ED 的长度为多少？

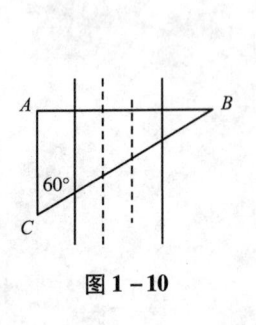

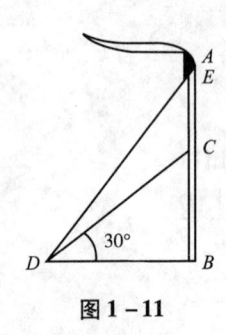

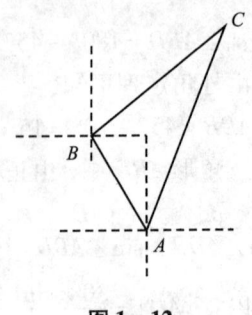

图 1-10　　图 1-11　　图 1-12

财经应用数学拓展模块

3. 如图 1-12，某雷达发现一艘船装有走私物品，海关缉私队立即由 A 港口乘快艇出击追此船，若快艇在 A 处时，观测到该船在北偏西 15°的 B 处，A、B 间的距离为 100 海里，且走私船以每小时 40 海里的速度沿东北方向行驶，快艇的速度可达每小时 60 海里，问快航艇沿什么方向追击，才能最快追上走私船？共用去多少时间？

本章知识系统结构图

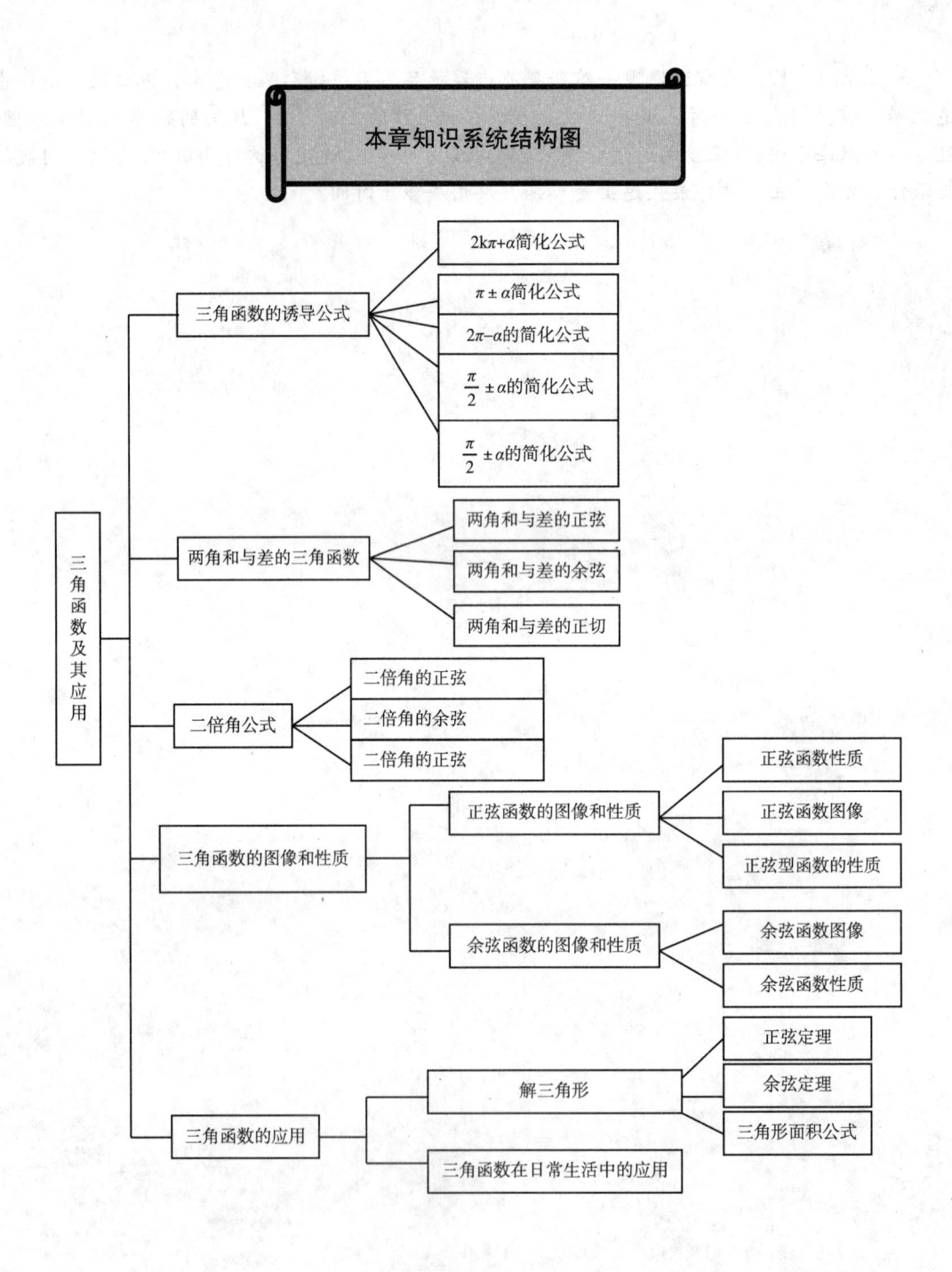

- 三角函数及其应用
  - 三角函数的诱导公式
    - $2k\pi+\alpha$ 简化公式
    - $\pi\pm\alpha$ 简化公式
    - $2\pi-\alpha$ 的简化公式
    - $\dfrac{\pi}{2}\pm\alpha$ 的简化公式
    - $\dfrac{\pi}{2}\pm\alpha$ 的简化公式
  - 两角和与差的三角函数
    - 两角和与差的正弦
    - 两角和与差的余弦
    - 两角和与差的正切
  - 二倍角公式
    - 二倍角的正弦
    - 二倍角的余弦
    - 二倍角的正弦
  - 三角函数的图像和性质
    - 正弦函数的图像和性质
      - 正弦函数性质
      - 正弦函数图像
      - 正弦型函数的性质
    - 余弦函数的图像和性质
      - 余弦函数图像
      - 余弦函数性质
  - 三角函数的应用
    - 解三角形
      - 正弦定理
      - 余弦定理
      - 三角形面积公式
    - 三角函数在日常生活中的应用

复习题

一、选择题

1. 化简 $(1-\sin\alpha)(1+\sin\alpha) = $ ( ).
   A. $\sin^2\alpha$　　B. $\cos^2\alpha$　　C. $\sin 2\alpha$　　D. $\cos 2\alpha$

2. 若 $\tan\alpha = \dfrac{1}{3}$，$\tan\beta = -2$，则 $\tan(\alpha-\beta) = $ ( ).
   A. $-\dfrac{1}{7}$　　B. -7　　C. $\dfrac{1}{7}$　　D. 7

3. 若 $\alpha+\beta = \dfrac{\pi}{4}$，则 $(1+\tan\alpha)(1+\tan\beta) = $ ( ).
   A. 1　　B. -1　　C. 2　　D. -2

4. 已知 $\sin\alpha = \dfrac{4}{5}$，$\dfrac{\pi}{2} < \alpha < \pi$，那么 $\tan\alpha$ 的值等于 ( ).
   A. $-\dfrac{4}{3}$　　B. $\dfrac{4}{3}$　　C. $-\dfrac{3}{4}$　　D. $\dfrac{3}{4}$

5. $\cos\left(-\dfrac{31}{4}\pi\right) = $ ( ).
   A. $-\dfrac{\sqrt{2}}{2}$　　B. $\dfrac{\sqrt{2}}{2}$　　C. 1　　D. -1

6. 已知 α 为钝角，β 为锐角，且 $\sin\alpha = \dfrac{4}{5}$，$\sin\beta = \dfrac{12}{13}$ 则 $\cos(\alpha+\beta) = $ ( ).
   A. 7　　B. -7　　C. $-\dfrac{33}{65}$　　D. $\dfrac{33}{65}$

7. *函数 $y = \sin x + \cos x$ 的最大值是 ( ).
   A. 2　　B. $\sqrt{2}$　　C. 1　　D. $\dfrac{\sqrt{2}}{2}$

8. 如果 $\alpha \in \left(\dfrac{\pi}{4}, \dfrac{\pi}{2}\right)$，则 $\sin\alpha$，$\cos\alpha$，$\tan\alpha$ 的大小顺序是 ( ).
   A. $\sin\alpha > \cos\alpha > \tan\alpha$　　　　B. $\tan\alpha > \sin\alpha > \cos\alpha$
   C. $\cos\alpha > \tan\alpha > \sin\alpha$　　　　D. $\tan\alpha > \cos\alpha > \sin\alpha$

9. 在 $\dfrac{1-\cos\alpha}{1+\cos\alpha} = a$ 中，a 的取值范围是 ( ).
   A. $a < -1$　　B. $a > -1$　　C. $a \geq 0$　　D. $a < 0$

10. 化简 $\sqrt{1-\sin^2 130°}$ 的结果是 ( ).
    A. $\cos 130°$　　B. $-\cos 130°$　　C. $\pm\cos 130°$　　D. 以上结果都不对

11. $y = \sin x$ 是减函数，$y = \cos x$ 为增函数，则角 x 是 ( ).
    A. 第一象限的角　　　　　　　　　B. 第二象限的角
    C. 第三象限的角　　　　　　　　　D. 第四象限的角

12. 在 $\triangle ABC$ 中，$C = 90°$，$B = 75°$，$c = 4$，那么 $b = $ ( ).

A. $\sqrt{6}+\sqrt{2}$　　　　B. $\sqrt{6}-\sqrt{2}$　　　　C. $2\sqrt{2}+2$　　　　D. $2\sqrt{2}-2$

13. 在 $\triangle ABC$ 中，若 $a=\sqrt{3}+1$，$b=2$，$c=\sqrt{2}$，那么 $C=$（　　）.

A. 15°　　　　B. 30°　　　　C. 45°　　　　D. 60°

14. 在 $\triangle ABC$ 中，已知 $A=2B$，那么 $a=$（　　）.

A. $2b\sin A$　　　　B. $2b\cos A$　　　　C. $2b\cos B$　　　　D. $2b\sin B$

15. 在 $\triangle ABC$ 中，$a=3\sqrt{3}$，$b=2$，$C=150°$，那么 $c=$（　　）.

A. 49　　　　B. 7　　　　C. 13　　　　D. $\sqrt{13}$

二、填空

1. $\tan(-45°)=$ _____，$\cos\left(-\dfrac{3}{4}\pi\right)=$ _____.

2. 用 ">" 或 "<" 填空.

(1) $\sin 100°$ _____ $\sin 130°$　　(2) $\cos 70°$ _____ $\sin 70°$

(3) $\cos 13°$ _____ $\cos 25°$　　(4) $\sin 105°\sin\dfrac{11}{12}\pi$ _____ 0

(5) $\cos\dfrac{8}{7}\pi \tan\dfrac{10}{7}\pi$ _____ 0　　(6) $\sin(-34°)$ _____ $\sin(-147°)$

3. 化简 $\dfrac{2\cos^2\alpha-1}{1-2\sin^2\alpha}=$ _____.

4. $\cos 15°\cos 75°$ 的值为 _____.

5. 函数 $y=\sin x$ 在区间 $\left[\dfrac{\pi}{2},\dfrac{3\pi}{2}\right]$ 上是单调 _____ 函数.（填 "递增" 或 "递减"）

6. 函数 $y=-3\cos x+2$ 的最大值是 _____；最小值是 _____；周期是 _____.

7. 函数 $y=\dfrac{1}{3}\sin\left(2x-\dfrac{\pi}{3}\right)$ 的最小值是 _____；最大值是 _____；周期是 _____.

8. $y=\dfrac{\cos x}{\cos x+2}$ 的最小值是 _____；最大值是 _____.

9. 在 $\triangle ABC$ 中，已知 $B=2$，$B=30°$，$C=135°$，那么 $A=$ _____.

10. 在 $\triangle ABC$ 中，已知 $A=3$，$B=\sqrt{7}$，$C=2$，那么 $B=$ _____.

三、不用计算器，求下列各式的值.

1. $\sin 20°\cos 40°+\cos 20°\sin 40°$

2. $\cos 85°\cos 40°+\sin 85°\sin 40°$

3. $\cos 165°$

4. $\tan 105°$

5. $\dfrac{\tan 12°+\tan 33°}{1-\tan 12°\tan 33°}$

6. $1-2\sin^2\dfrac{3}{8}\pi$

四、解答题

1. 已知 $\sin(\pi+\alpha)=-\dfrac{2}{3}$，$\alpha$ 为锐角，求 $\cos(2\pi-\alpha)$ 和 $\tan(\pi-\alpha)$ 的值.

2. 已知等腰三角形一个底角的正弦等于 $\frac{5}{13}$，求这个三角形的顶角的正弦，余弦，正切.

3. 求下列各三角形的未知元素：

(1) 在 $\triangle ABC$ 中，已知 $A=10$，$B=8$，$C=30°$.

(2) 在 $\triangle ABC$ 中，已知 $A=10$，$A=60°$，$B=45°$.

(3) 在 $\triangle ABC$ 中，已知 $A=\sqrt{6}-\sqrt{2}$，$B=2$，$C=2\sqrt{2}$.

4. 已知在 $\triangle ABC$ 中，$a=5$，$b=8$，$C=45°$，求 $\triangle ABC$ 的面积.

5. 如图 1-13，在山顶铁塔上 B 处，测得地面上的一点 A 的俯角 $\alpha=60°$，在塔底 C 处测得 A 的俯角 $\beta=45°$，已知铁塔 BC 部分高 20 米，求山高 CD（精确到 1 米）.

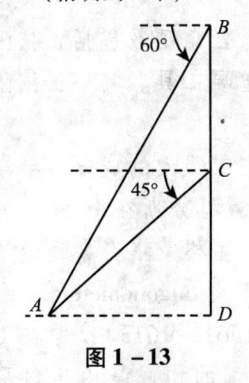

图 1-13

6. 为了测得河对岸的楼房 CD 的高度，小林在与楼底 D 点相平的河岸上取两点 A、B，并测得 $AB=120$m，$\angle ABD=75°$，$\angle BAD=45°$，若在点 B 观测楼顶 C 的仰角是 $30°$，求楼高 CD 的大小（见图 1-14）.

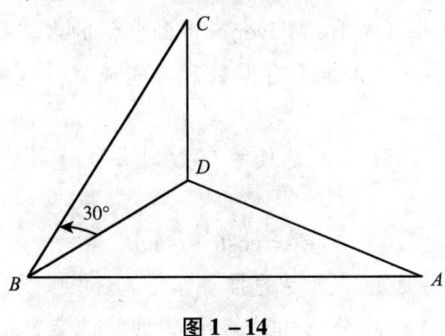

图 1-14

读一读

周期现象、三角函数、三角学

我们生活在周期变化的世界中，大到地球、月亮，小到原子、电子都在周期地运动。周期函数是定量地反映周期变化规律的一种函数。

三角函数是最基本的周期函数，三角函数包括正弦函数、余弦函数、正切函数和余切函数等，它们是描述周期现象的一个重要工具。其中正弦函数和余弦函数更为重要，很多周期现象的规律都可以由它们直接描述。

在数学课程中，三角学的内容占有很大的成分，早期三角学不是一门独立的学科，而是依附于天文学。直到 15 世纪，雷格蒙塔努斯在 1464 年完成的《论各种三角形》，这是欧洲第一部独立于天文学的三角学著作。雷格蒙塔努斯还较早地制成了一些三角函数表。三角学一词的英文是 trigonometry，来自拉丁文 tuigonometuia。最先使用该词的是文艺复兴时期的德国数学家皮蒂斯楚斯（B. Pitiscus, 1561~1613），他在 1595 年出版的《三角学：解三角形的简明处理》中创造了这个词。该词的构成是由三角形（tuiangulum）和测量（metuicus）两个词拼凑而成。要测量计算离不开三角函数表和三角学公式，它们是作为三角学的主要内容而发展的。

1722 年英国数学家棣莫弗（A. De Meiver）得到以他的名字命名的三角学定理：$(\cos\theta \pm i\sin\theta)^n = \cos n\theta + i\sin n\theta$，并证明了 n 是正有理数时公式成立。他的工作使三角学的研究进入了新的时代。

1748 年欧拉（L. Euler）证明了 n 是任意实数时公式也成立，他还给出另一个著名公式：

$$e^{i\theta} = \cos\theta + i\sin\theta$$

这个工作对三角学的发展起到了重要的推动作用。

近代三角学是从欧拉的《无穷分析引论》开始的。他定义了单位圆，并以函数线与半径的比值定义三角函数，他还创用小写拉丁字母 a、b、c 表示三角形三条边，大写拉丁字母 A、B、C 表示三角形三个角，从而简化了三角公式。使三角学从研究三角形解法进一步转化为研究三角函数及其应用，并成为一个比较完整的数学分支学科。由于上述诸人及 19 世纪许多数学家的努力，形成了现代的三角函数符号和三角学的完整的理论。

传统的三角学主要研究测量、三角形内的各种边角关系，反映"静态的关系"。在高中课程中，解三角形属于三角学的内容。

第2章 平面向量及应用

在现实生活中，我们会遇到一些既有大小又有方向的量，例如作用力，这种量就是向量，它是把方向和大小结合起来的几何量．向量是数学中沟通代数、几何与三角函数的一种工具，具有几何形式和代数形式的"双重身份"，成为联系多项内容的媒介．运用向量知识，可以使几何问题直观化、符号化、数量化．

我们来看这样一个问题（如图所示）：某一天，一船从南岸出发，向北岸横渡．根据测量，这一天水流速度3km/h，方向正东，风向北偏西30°，受风力影响，静水中船的航行速度3km/h，若要使该船由南向北沿垂直于河岸的方向以 $2\sqrt{3}$ km/h 的速度横渡，求船本身的速度大小及方向．

这样的问题若用向量的知识来解决则显得容易很多．

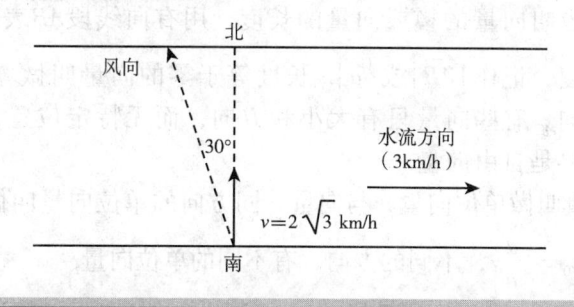

§2.1 平面向量的概念

学习目标：
（1）理解向量及其相关概念；（2）会判断向量相等、共线（或平行）向量及相反向量．

在现实生活和科学技术中，经常会遇到一些量，只有大小没有方向，它们可以用实数表示，如距离、时间、温度、质量等，这种量通常称为**数量**．还有另外一些量，如位移、速度、力等，它们不但有大小而且有方向，这种量就是本节将要介绍的向量．

1. 平面向量的概念

线段 AB，若规定以 A 为始点，B 为终点，即给出从 A 到 B 的方向，并在 B 点标上箭头，我们称这样的线段为有向线段，记作 $\overrightarrow{AB}$.

我们把既有大小又有方向的量称为**向量**. 向量可用有向线段表示，有向线段的长度表示向量的大小，有向线段的方向表示向量的方向.

如图 2-1 所示，以 A 为始点、B 为终点的向量记作 $\overrightarrow{AB}$. 用有向线段 $\overrightarrow{AB}$ 表示向量，应注意，始点一定要写在终点的前面；此外，在印刷时常用黑体小写字母 a、b、c、… 表示向量，手写时则可写作带箭头的小写字母 $\vec{a}$、$\vec{b}$、$\vec{c}$、…

图 2-1

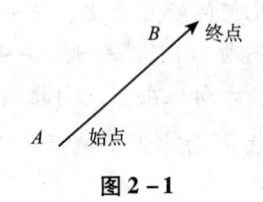

向量的数值大小也叫向量的**模**或向量的**长度**，用有向线段 $\overrightarrow{AB}$ 表示向量 a，则 $\overrightarrow{AB}$ 的长度也叫做向量 a 的长度，记作 $|\overrightarrow{AB}|$ 或 $|a|$. 长度等于零的向量叫做**零向量**，记作 O 或 $\vec{0}$；零向量没有规定的方向. 有些向量只有大小和方向，而无特定位置，这种向量叫做**自由向量**. 本章学习的主要是自由向量.

长度等于 1 的向量叫做单位向量. 与向量 a 同方向的单位向量叫做 a 的**单位向量**. a 的单位向量常记作 a_0，$a_0 = \dfrac{a}{|a|}$，不同的方向，有不同的单位向量.

2. 向量相等与共线

如果两个向量的模相等且方向相同，则称这两个**向量相等**. 两个向量 a 和 b 相等，记作 $a = b$. 不管始点位置在哪里，两个相等的向量都称为同一向量. 与 a 大小相等方向相反的向量，称为 a 的**相反向量**（或**负向量**），记作 $-a$，特别有 $\overrightarrow{AB} = -\overrightarrow{BA}$. 如果两个向量所在的直线互相平行或重合，则称这两个**向量平行或共线**. 特别地，我们规定零向量 O 与任何向量共线.

例 2-1 如图 2-2，设点 O 是正六边形 ABCDEF 的中心，分别写出与 $\overrightarrow{OA}$、$\overrightarrow{OB}$、$\overrightarrow{OC}$ 相等的向量，与 $\overrightarrow{OA}$、$\overrightarrow{OB}$ 相反的向量，与 $\overrightarrow{DA}$ 共线的向量.

解：由图中各平行四边形关系知，

$\overrightarrow{OA} = \overrightarrow{CB} = \overrightarrow{DO}$；$\overrightarrow{OB} = \overrightarrow{DC} = \overrightarrow{EO}$；$\overrightarrow{OC} = \overrightarrow{AB} = \overrightarrow{FO} = \overrightarrow{ED}$；

$-\overrightarrow{OA} = \overrightarrow{FE}$；$-\overrightarrow{OB} = \overrightarrow{AF}$；$\overrightarrow{DA} // \overrightarrow{OA} // \overrightarrow{DO} // \overrightarrow{CB} // \overrightarrow{FE}$

图 2-2

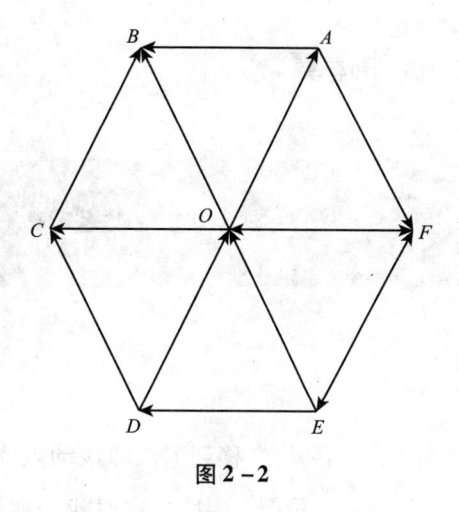

1. 下列这些量哪些是数量？哪些是向量？
(1) 物体的质量 5kg；
(2) 地球的重力加速度 9.8m/s²；
(3) 总价 10 000 元；
(4) 湿度 40%；
(5) 东北风 40km/h.

练习2.1 想一想 练一练

2. 有两个向量 a、b，(1) 若 $|a|=|b|$，则 $a=b$，对吗？

(2) 若 $|a|>|b|$，则 $a>b$，对吗？为什么？

3. 写出图 2-3 中与向量 $\overrightarrow{AE}$ 相等的向量和相反的向量，写出与向量 $\overrightarrow{AE}$ 共线的向量（E、F 分别为边 AB、边 CD 的中点）.

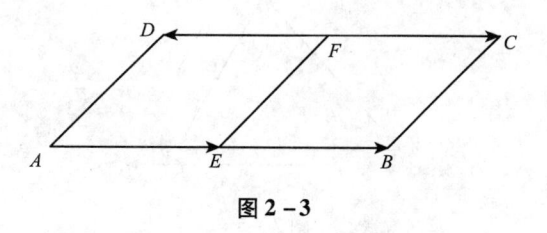

图 2-3

§2.2 平面向量的线性运算

数量是可以运算的，向量也可以进行运算．在物理学中，对速度、力等向量可以按照一定的规则进行加、减和数乘运算．同样，对一般的向量，也可以进行类似地规定其加、减和数乘运算，在这里我们把这些运算统称为**向量的线性运算**．

2.2.1 向量的加法、减法运算

> **学习目标：**
> （1）理解向量加法、减法的概念；（2）掌握向量加法、减法的运算（法则）．

1. 向量的加法运算

如果一个动点由 A 位移到 B，又由 B 位移到 C，即该动点先作位移 $\overrightarrow{AB}$，又作位移 $\overrightarrow{BC}$，其结果等同于：动点 A 直接位移到 C（见图 2-4）．这时我们就说，动点的最终位移是 $\overrightarrow{AC}$，它可以看做是位移 $\overrightarrow{AB}$ 与位移 $\overrightarrow{BC}$ 之和，即有 $\overrightarrow{AB}+\overrightarrow{BC}=\overrightarrow{AC}$．

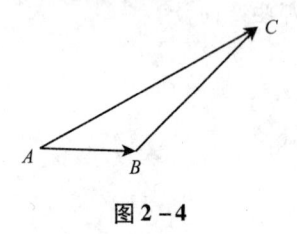

图 2-4

一般地，设有向量 a、b，在平面内任取一点 A，以 A 为始点作 $\overrightarrow{AB}=a$．以 B 为始点作 $\overrightarrow{BC}=b$，则向量 $\overrightarrow{AC}$ 叫做向量 a 与 b 的和，记作 $a+b$，如图 2-5，即 $a+b=\overrightarrow{AB}+\overrightarrow{BC}=\overrightarrow{AC}$．

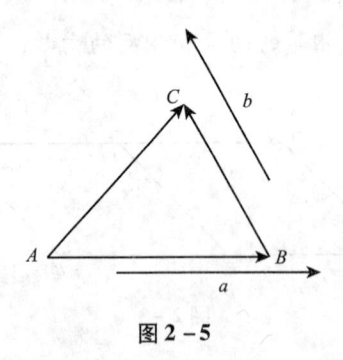

图 2-5

求向量和的运算称为向量的加法，上述求和的规定叫做**向量加法的三角形法则**，其方法是：经平行移动使向量 a 的终点与 b 的始点重合，则 a 的始点到 b 的终点的有向线段即为 a 与 b 的和 $a+b$．该法则可推广运用于求多个向量的和，例如 $\overrightarrow{AB}+\overrightarrow{BC}+\overrightarrow{CD}=\overrightarrow{AD}$，等等．如果 a 与 b 共线，上述法则同样适用．

假设 a 与 b 不共线，经过平行移动使它们的始点均与 O 点重合，并且作 $\overrightarrow{OA}=a$，$\overrightarrow{OC}=b$，如果以 $\overrightarrow{OA}$ 与 $\overrightarrow{OC}$ 为邻边作平行四边形，那么，对角线向量 $\overrightarrow{OB}$ 即为 $a+b$，如图 2-6，这就是**向量加法的平行四边形法则**．容易看出，这两种加法法则当 a 与 b 不共线时是相同的．

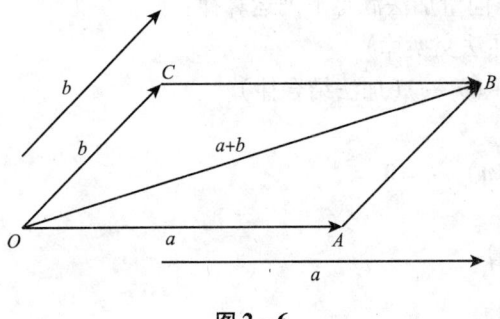

图 2-6

例 2-2 设向量 a，$|a|=2$，方向朝上；向量 b，$|b|=3$，方向朝下．试画出 $a+b$．

作法：如图 2-7，取 $\overrightarrow{OA}=a$，$\overrightarrow{AB}=b$，则 $\overrightarrow{OB}=\overrightarrow{OA}+\overrightarrow{AB}=a+b$，方向朝下，其模 $|\overrightarrow{OB}|=1$

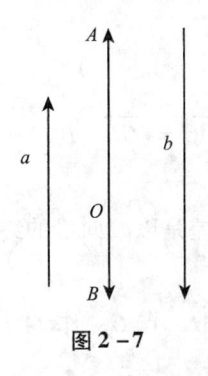

图 2-7

例 2-3 某人向东走了 3km，再向南走了 4km，求某人走的路程和两次位移的和．

解：如图 2-8 所示，作 $\overrightarrow{OA}=a=3\text{km}$，$\overrightarrow{AB}=b=4\text{km}$，则 $\overrightarrow{OB}=\overrightarrow{OA}+\overrightarrow{AB}=a+b$，$|\overrightarrow{OB}|=\sqrt{3^2+4^2}=5$（km），$|\overrightarrow{OA}|+|\overrightarrow{AB}|=3+4=7$（km）．

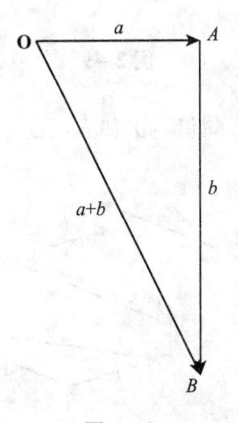

图 2-8

则其走的路程为 7km，两次位移的和为 $a+b$，为 5km．

例 2-4 求向量 $\overrightarrow{DB}+\overrightarrow{CD}+\overrightarrow{BC}$

解：原式 $=(\overrightarrow{CD}+\overrightarrow{DB})+\overrightarrow{BC}=\overrightarrow{CB}+\overrightarrow{BC}=0$

第 2 章 平面向量及应用

与实数的加法一样,向量加法满足下列运算律:

(1) $a + b = b + a$ (加法交换律)

(2) $(a + b) + c = a + (b + c)$ (加法结合律)

(3) $a + 0 = 0 + a = a$

(4) $a + (-a) = (-a) + a = 0$

2. 向量的减法运算

我们把向量 a 与向量 b 的负向量的和定义为 a 与 b 的差,即 $a - b = a + (-b)$.
求两个向量差的运算,叫做**向量的减法运算**.

设向量 $\overrightarrow{OA}$、$\overrightarrow{OB}$ 的始点相同,我们来计算它们的差.

由三角形法则,$\overrightarrow{OA} = \overrightarrow{OB} + \overrightarrow{BA}$

上式两边同加 $\overrightarrow{OB}$ 的负向量 $\overrightarrow{BO}$,得

$$\overrightarrow{OA} + \overrightarrow{BO} = \overrightarrow{OB} + \overrightarrow{BA} + \overrightarrow{BO} = (\overrightarrow{OB} + \overrightarrow{BO}) + \overrightarrow{BA} = \overrightarrow{BA}$$

于是有 $\overrightarrow{OA} - \overrightarrow{OB} = \overrightarrow{BA}$

上式表明,始点相同的两向量的差是以减向量的终点为始点、以被减向量的终点为终点的向量.

如图 2-9,已知向量 a 与 b,任取一点 O,作 $\overrightarrow{OA} = a$,$\overrightarrow{OB} = b$,则 $\overrightarrow{BA} = a - b$.

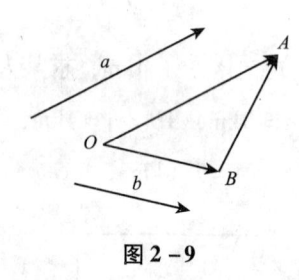

图 2-9

例 2-5 已知向量 a 与 b,求作向量 $-a$ 和 $b - a$.

解:如图 2-10 所示.

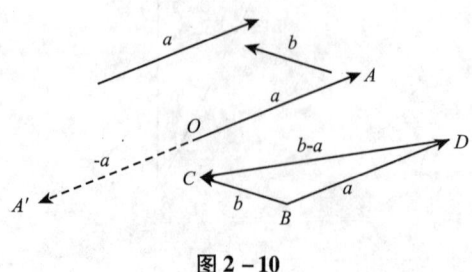

图 2-10

(1) 在平面内取一点 O,作 $\overrightarrow{OA} = a$,作 A 点关于 O 点的对称点 A',则 $\overrightarrow{OA'} = -a$.

其中:$|\overrightarrow{OA}| = |\overrightarrow{OA'}|$,$\overrightarrow{OA'} = -a$.

(2) 在平面内取一点 B,作 $\overrightarrow{BC} = b$,$\overrightarrow{BD} = a$,则 $\overrightarrow{DC} = b - a$.

例 2 – 6 如图 2 – 11，$\square OABC$ 中，$\overrightarrow{OA} = a$，$\overrightarrow{OC} = c$，试用 a 和 c 表示向量 $\overrightarrow{OB}$、$\overrightarrow{AC}$、$\overrightarrow{BA}$、$\overrightarrow{BC}$.

解：由向量的加法运算和减法运算知，$\overrightarrow{OB} = c + a$，$\overrightarrow{AC} = c - a$，$\overrightarrow{BA} = -c$，$\overrightarrow{BC} = -a$.

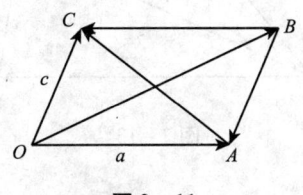

图 2 – 11

例 2 – 7 一艘轮船要横过河流，船自身动力产生的速度 v_1 是 10m/s，船的实际航行速度 v 是 12m/s，那么水流的速度 v_2 是多少（精确到 0.01m/s）？

解：由图 2 – 12 可知，v_1、v_2 互相垂直，且 $v_1 + v_2 = v$，故 $v_2 = v - v_1$.

由勾股定理知 $|v_2| = \sqrt{|v|^2 - |v_1|^2} \approx 6.63$（m/s）

答：水流的速度约为 6.63m/s.

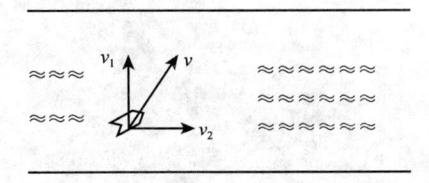

图 2 – 12

---

1. 填空题

（1）$\overrightarrow{AB} + \overrightarrow{BC} = $ _____；

（2）$\overrightarrow{AC} - \overrightarrow{AB} = $ _____；

（3）$\overrightarrow{OA} - \overrightarrow{OB} = $ _____；

（4）$\overrightarrow{OA} + \overrightarrow{BC} + \overrightarrow{AB} = $ _____；

（5）$-\overrightarrow{AB} + \overrightarrow{AB} = $ _____；

（6）$\overrightarrow{AB} + \overrightarrow{CA} + \overrightarrow{BC} = $ _____.

练习2.2.1

2. 看图填空（如图 2 – 13）：

（1）$a + b = $ _____；

（2）$a + b + c = $ _____；

（3）$a + b + c + d = $ _____.

3. 如图 2 – 14 所示，已知下列向量 a、b，求作：（1）$a + b$； （2）$a - b$.

图 2-13

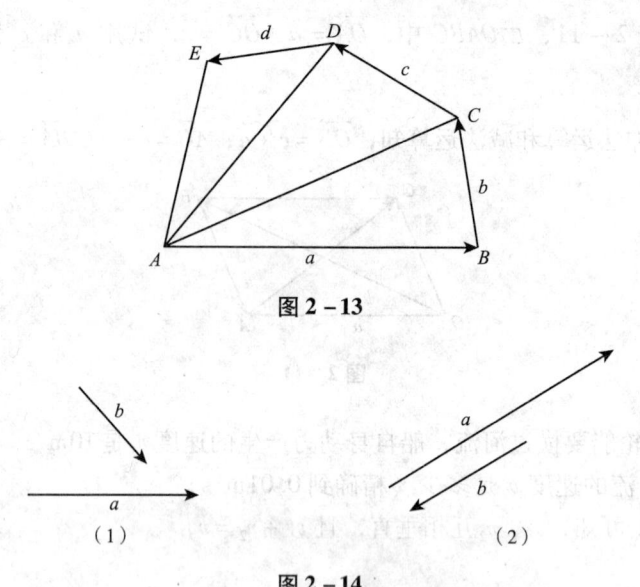

图 2-14

2.2.2 向量的数乘运算

学习目标：
（1）理解向量数乘运算、向量平行（共线）的概念；（2）掌握向量数乘运算的运算（法则）及向量平行（共线）的判定．

1. 向量数乘运算的概念

一般地，实数 λ 与向量 a 的乘积是一个向量，记作 λa．其长度 $|\lambda a| = |\lambda||a|$；其方向根据以下规则确定：当 $\lambda > 0$ 时，λa 与 a 同向，当 $\lambda < 0$ 时，λa 与 a 反向．数与向量相乘的运算称为**向量的数乘运算**．

由单位向量定义知：$a = |a|a_0$，或 $a_0 = \dfrac{1}{|a|}a$

根据数乘运算的定义显然有如下性质：
$0a = 0$，$\lambda 0 = 0$，$1a = a$，$(-1)a = -a$

进一步可以推出数乘运算满足如下运算律：
设 λ、μ 为实数，则：（1）结合律：$\lambda(\mu a) = (\lambda\mu)a$
（2）第一分配律：$(\lambda + \mu)a = \lambda a + \mu a$
（3）第二分配律：$\lambda(a + b) = \lambda a + \lambda b$

例 2-8 已知向量 a、b，计算下列各式：

(1) $(-5) \times (-\dfrac{1}{5}a)$　　(2) $(-3) \times (a+b)$　　(3) $3(a+b) + 2a - 3b$．

解：(1) $(-5) \times (-\frac{1}{5}a) = [(-5) \times (-\frac{1}{5})]a = a$

(2) $(-3) \times (a+b) = (-3) \cdot a + (-3) \cdot b = -3a - 3b$

(3) $3(a+b) + 2a - 3b = 3a + 3b + 2a - 3b = (3+2)a + (3-3)b = 5a$

例 2-9 已知方程 $-4(a+x) + 3(x-b) = 0$，求未知向量 x.

解：原式可变为：$(-4a - 4x) + (3x - 3b) = 0$

$$-4a - 4x + 3x - 3b = 0$$
$$-x = 4a + 3b$$
$$x = -4a - 3b$$

例 2-10 如图 2-15，在 $\triangle ABC$ 中，D 为 BC 的中点．(1) 试用向量 $\overrightarrow{AB}$ 和 $\overrightarrow{BC}$ 表示 $\overrightarrow{AD}$；(2) 试用向量 $\overrightarrow{AC}$ 和 $\overrightarrow{BC}$ 表示 $\overrightarrow{AD}$.

解：(1) $\overrightarrow{AD} = \overrightarrow{AB} + \overrightarrow{BD} = \overrightarrow{AB} + \frac{1}{2}\overrightarrow{BC}$

(2) $\overrightarrow{AD} = \overrightarrow{AC} + \overrightarrow{CD} = \overrightarrow{AC} - \frac{1}{2}\overrightarrow{BC}$

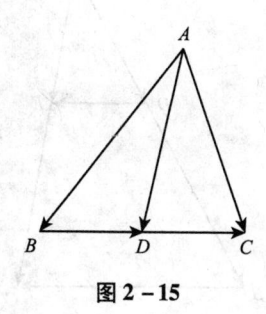

图 2-15

2. 向量平行（共线）的条件

由数乘向量的规定，可以引出向量平行的条件：

若有向量 a ($a \neq 0$)、b、实数 λ，使 $b = \lambda a$，则由实数与向量积的定义知：a 与 b 为平行（共线）向量；

若 a 与 b 平行（共线）($a \neq 0$)，且 $|b| : |a| = \mu$，则当 a 与 b 同向时，$b = \mu a$，当 a 与 b 反向时，$b = -\mu a$.

从而得：向量 b 与非零向量 a 平行（共线）$\Leftrightarrow$ 有且只有一个非零实数 λ，使 $b = \lambda a$.

例 2-11 设 $a = -3c$，$b = \frac{1}{5}c - \frac{2}{3}a$，求证 $b // c$.

证明：把 $a = -3c$ 代入 $b = \frac{1}{5}c - \frac{2}{3}a$，得

$$b = \frac{1}{5}c - \frac{2}{3}(-3c) = \frac{1}{5}c + 2c$$

$$b = \frac{11}{5}c$$

得 $b // c$

第 2 章 平面向量及应用

例2-12 设 $a=2e$，$b=-\dfrac{2}{3}e$，求 a 与 b 的方向关系.

解法一： 由 $a=2e$ 得 $e=\dfrac{1}{2}a$，

把 $e=\dfrac{1}{2}a$ 代入 $b=-\dfrac{2}{3}e$ 得

$$b=-\dfrac{2}{3}\left(\dfrac{1}{2}a\right)$$

$$b=-\dfrac{1}{3}a.$$

所以 a 与 b 的方向相反.

解法二： 因为 $a=2e$，所以 a 与 e 同向．又因为 $b=-\dfrac{2}{3}e$，所以 b 与 e 反向．所以 a 与 b 反向.

例2-13 如图2-16，$\triangle ABC$ 中，已知 $\overrightarrow{AB}=3\overrightarrow{AD}$，$\overrightarrow{AC}=3\overrightarrow{AE}$，试证明 $\overrightarrow{DE}$ 与 $\overrightarrow{BC}$ 共线.

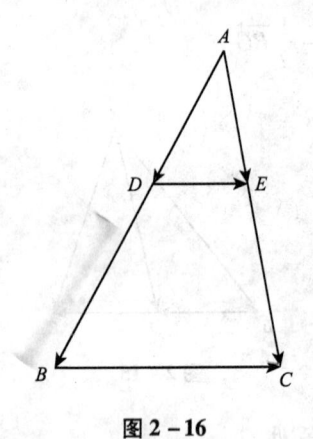

图2-16

证明： $\overrightarrow{BC}=\overrightarrow{AC}-\overrightarrow{AB}=3\overrightarrow{AE}-3\overrightarrow{AD}=3(\overrightarrow{AE}-\overrightarrow{AD})=3\overrightarrow{DE}$，所以 $\overrightarrow{DE}$ 与 $\overrightarrow{BC}$ 共线.

练习2.2.2

1. 若向量 a 与 b 的方向相反，分别指出下列哪些向量与 a 方向相同或相反.

$$5a,\ -3a,\ 4b,\ \dfrac{1}{2}a,\ \dfrac{4}{5}b,\ -a,\ -b,\ \dfrac{1}{2}a-b$$

2. 化简下列各式.

　(1) $4(2a-3b)+5(3a-2b)$

　(2) $-3(4b-a)-7(2a-4b)$

3. 求未知向量 x.

　(1) $x+2(a-x)=0$　　(2) $\dfrac{1}{2}(x+b)+\dfrac{1}{3}(x-a)=\dfrac{1}{2}a-\dfrac{1}{3}b$

4. 若向量 $a=2e$，向量 $b=3f$，指出下列与 $a+b$ 平行的向量.

　(1) $e+f$　　(2) $4e+6f$　　(3) $-(2e+3f)$　　(4) $2e+3f$

1. 判断题：
(1) 平行向量一定方向相同． （　）
(2) 共线向量一定相等． （　）
(3) 不相等的向量一定不平行． （　）
(4) 始点不同，但方向相同且相等的几个向量是同一个向量．
（　）

2. 在平行四边形 $ABCD$ 中，$\overrightarrow{BA}+\overrightarrow{BC}=$ _____ ；$\overrightarrow{DA}-\overrightarrow{DB}=$ _____ ．

3. 已知向量 a、常数 λ、μ，则
(1) $\lambda \cdot a=$ _____
(2) $0 \cdot a=$ _____
(3) $1 \cdot a=$ _____
(4) $\lambda(\mu a)=$ _____
(5) $(\lambda+\mu)a=$ _____
(6) $\lambda(a+b)=$ _____

4. 化简下列各式：
(1) $-(6a+b)+\dfrac{1}{2}(2a-4b)$
(2) $\dfrac{1}{2}(8b-a)+2(a+\dfrac{1}{2}b)$
(3) $(\sqrt{3}-1)a-\sqrt{3}(2a-3b)$
(4) $-2(-a+b)+3(2a-b)-4b$

5. 求未知向量 x：
(1) $(x+2b)-(5a-8b)+\dfrac{1}{4}x=0$
(2) $2(x-\dfrac{1}{3}a)-\dfrac{1}{2}(b+3x+c)+b=0$

6. 已知 $\triangle ABC$，$\overrightarrow{AM}=\dfrac{1}{3}\overrightarrow{AB}$，$\overrightarrow{AN}=\dfrac{1}{3}\overrightarrow{AC}$，请用向量运算证明：$MN/\!/BC$ 且 $MN=\dfrac{1}{3}BC$．

7. 设 $a=4e-6c$，$b=3c+\dfrac{1}{2}e$，$c=-\dfrac{1}{3}e$，求 a 与 b 的方向关系．

§2.3　向量的数量积

学习目标：
（1）理解向量数量积的概念；（2）掌握向量数量积的运算．

向量之间除线性运算以外还有其他运算．本节介绍向量的数量积（亦称内积、点积）运算．他在物理学、数学及其他学科中有广泛的应用．

1. 向量的数量积概念

设 a、b 为两个非零向量，我们把乘积 $|a||b|\cos<a,b>$ 称为向量 a 与 b 的数量积，记作 $a \cdot b$，即

$a \cdot b=|a||b|\cos<a,b>$．

求 a 与 b 的数量积的运算又可简称为 a 乘 b．

注意：$a \cdot b$ 中的点不能省去，也不可改为"×"号，$a \cdot b$ 的结果是一个数，不再是向量.

特别地，规定零向量与任何向量的数量积为0，即：
$0 \cdot a = a \cdot 0 = 0$

由向量数量积的定义可以推知夹角 $<a, b>$ 决定 $a \cdot b$ 的符号（如图2–17）：

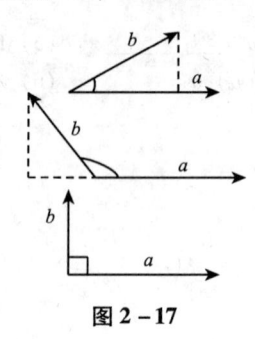

图2–17

当 $<a, b>$ 为锐角时，$a \cdot b > 0$
当 $<a, b>$ 为钝角时，$a \cdot b < 0$
当 $<a, b>$ 为直角时，$a \cdot b = 0$
特别地，$<a, b> = 0°$时，$a \cdot b = |a||b|$
$<a, b> = 180°$时，$a \cdot b = -|a||b|$
我们记 $a \cdot a = a^2$，因为 $<a, b> = 0°$，从而有 $a^2 = |a|^2$

2. 数量积的运算性质

向量的数量积满足如下运算律：
(1) $a \cdot b = b \cdot a$
(2) $(\lambda a) \cdot b = \lambda(a \cdot b) = a \cdot (\lambda b)$
(3) $(a + b) \cdot c = a \cdot c + b \cdot c$

例2–14 已知 $|a| = 10$，$|b| = 6$，$<a, b> = 60°$，求：$(2a - b) \cdot (a + 3b)$

解：$(2a - b) \cdot (a + 3b) = (2a) \cdot a + (2a) \cdot (3b) - b \cdot a - b \cdot (3b)$
$= 2|a|^2 + 5a \cdot b - 3|b|^2$
$= 2 \times 10^2 + 5 \times 10 \times 6 \times \cos 60° - 3 \times 6^2$
$= 242$

例2–15 计算：
(1) $(a + b)^2$
(2) $(a + b) \cdot (a - b)$

解：(1) $(a + b)^2 = (a + b) \cdot (a + b) = a \cdot a + a \cdot b + b \cdot a + b \cdot b = a^2 + 2a \cdot b + b^2$
(2) $(a + b) \cdot (a - b) = a \cdot a - a \cdot b + b \cdot a - b \cdot b = a^2 - b^2$

1. 根据下列条件，求 $a \cdot b$：
(1) $|a|=2$，$|b|=3$，$<a, b> = 45°$；
(2) $|a|=4$，$|b|=\sqrt{3}$，$<a, b> = 60°$；
(3) $|a|=3$，$|b|=8$，$<a, b> = 135°$.

2. 已知 $|a|=3$，$|b|=4$，$a \cdot b = -6$，求 $<a, b>$.

3. 已知 $|a|=5$，$|b|=2$，$<a, b> = \dfrac{\pi}{3}$，求

(1) a^2 (2) b^2 (3) $(3a-b) \cdot b$

4. $\triangle ABC$ 中，$\overrightarrow{AB}=a$，$\overrightarrow{AC}=b$，判断它是什么三角形？
(1) $a \cdot b < 0$ (2) $a \cdot b = 0$

5. 计算：
(1) $(a-b)^2$ (2) $(4a+3b) \cdot (a-2b)$

练习2.3 想一想 练一练

§2.4 平面向量的坐标表示

学习目标：
（1）理解并掌握直角坐标系下位置向量的坐标表示；（2）理解并掌握直角坐标系下自由向量的坐标表示.

1. 直角坐标系下位置向量的坐标表示

在平面内取一个直角坐标系 Oxy，我们规定与 x 轴正向同方向，长度为 1 的向量为 x 轴的单位向量，记作 i；规定与 y 轴正向同方向，长度为 1 的向量为 y 轴的单位向量，记作 j.

我们把始点在原点的向量称为**位置向量**. 每个位置向量 $\overrightarrow{OP}$ 的终点确定平面上唯一一点 P，反之，已知终点 P 可唯一确定位置向量 $\overrightarrow{OP}$.

如图 2-18 所示，在坐标系 Oxy 上作位置向量 $\overrightarrow{OP}$. 过点 P 作 x 轴的垂线，交 x 轴于 M 点，过 P 点作 y 轴垂线，交 y 轴于 N 点. 设点 P 的坐标为 (x, y)，显然有 $M(x, 0)$，$N(0, y)$. 由平行四边形法则知 $\overrightarrow{OP} = \overrightarrow{OM} + \overrightarrow{ON}$.

又因 $\overrightarrow{OM} = xi$，$\overrightarrow{ON} = yj$，从而 $\overrightarrow{OP} = xi + yj$.

我们习惯上称 (x, y) 为向量 $\overrightarrow{OP}$ 在直角坐标系下的坐标，x 为 $\overrightarrow{OP}$ 的横坐标，y 为 $\overrightarrow{OP}$ 的纵坐标，可见位置向量的坐标就是其终点的坐标，可记 $\overrightarrow{OP} = (x, y)$. 特别地，$O = 0i + 0j$，或 $O = (0, 0)$.

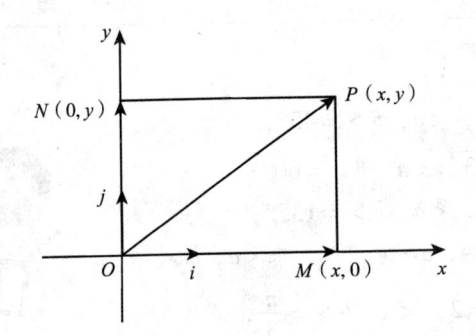

图 2-18

例 2-16 写出平面直角坐标系 Oxy 内下列各点对应的位置向量：

(1) $A(-1, 0)$

(2) $B(2, -3)$

(3) $C(4, -4)$

解：(1) $\overrightarrow{OA} = -1i + 0j = -i$

(2) $\overrightarrow{OB} = 2i + (-3)j = 2i - 3j$

(3) $\overrightarrow{OC} = 4i + (-4)j = 4i - 4j$

2. 直角坐标系下自由向量的坐标表示

设在平面直角坐标系下向量 $\overrightarrow{AB}$ 的始点、终点坐标分别是 $A(x_A, y_A)$ 和 $B(x_B, y_B)$，如图 2-19. 由三角形法则知 $\overrightarrow{AB} = \overrightarrow{OB} - \overrightarrow{OA}$，从而有 $\overrightarrow{AB} = (x_B - x_A, y_B - y_A)$.

即向量的横（纵）坐标等于表示该向量的有向线段的终点横（纵）坐标减去始点横（纵）坐标.

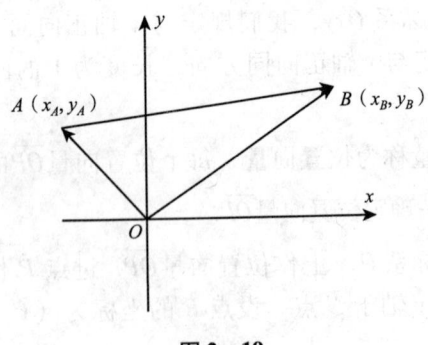

图 2-19

由上述分析可知，一个向量唯一对应一对坐标，可表示为 $a = a_x i + a_y j = (a_x, a_y)$.

例 2-17 已知 A、B 两点的坐标，写出自由向量 $\overrightarrow{AB}$ 的坐标：

(1) $A(-2, 0), B(8, 2)$

(2) $A(1, 1), B(0, -3)$

解: (1) $\vec{AB} = (8-(-2), 2-0) = (10, 2)$

(2) $\vec{AB} = (0-1, -3-1) = (-1, -4)$

---

1. 写出平面直角坐标系 Oxy 内下列各点对应的位置向量:
   (1) $A(-2, 1)$
   (2) $B(5, 0)$
   (3) $C(1, -4)$
   (4) $D(0, -3)$

2. 已知 A、B 两点的坐标,写出自由向量 $\vec{AB}$ 的坐标:
   (1) $A(-1, 5)$, $B(1, 0)$
   (2) $A(2, 6)$, $B(0, -3)$
   (3) $A(0, -5)$, $B(1, -5)$

3. 已知 A 点及向量 $\vec{AB}$ 的坐标,求点 B 的坐标:
   (1) $A(2, 8)$, $\vec{AB} = (1, -3)$
   (2) $A(-1, 0)$, $\vec{AB} = (-2, 5)$
   (3) $A(0, 2)$, $\vec{AB} = (-7, -3)$

§2.5 平面向量的坐标运算

2.5.1 平面向量线性坐标运算

学习目标:
(1) 掌握向量线性运算的坐标表示;(2) 掌握向量平行(共线)的坐标表示;
(3) 掌握向量的中点公式.

1. 位置向量线性运算的坐标表示

设在平面直角坐标系 Oxy 内,位置向量 $a = a_x i + a_y j$, $b = b_x i + b_y j$
根据向量加法、减法的运算性质有

$$a + b = (a_x i + a_y j) + (b_x i + b_y j) = (a_x + b_x)i + (a_y + b_y)j$$
$$a - b = (a_x i + a_y j) - (b_x i + b_y j) = (a_x - b_x)i + (a_y - b_y)j$$

即两个位置向量的和的横(纵)坐标等于这两个向量的横(纵)坐标之和,两个位置向量的差的横（纵）坐标等于这两个向量的横（纵）坐标之差.

以上结论还可以写成更为简明的形式：
$$a + b = (a_x + b_x, \ a_y + b_y)$$
$$a - b = (a_x - b_x, \ a_y - b_y)$$

同理，可得位置向量 $a = a_x i + a_y j$ 与实数 λ 的数乘运算的坐标表示：
$$\lambda a = \lambda(a_x i + a_y j) = \lambda a_x i + \lambda a_y j$$

即实数 λ 与位置向量的积的横（纵）坐标等于该向量的横（纵）坐标的 λ 倍. 写成简明形式：
$$\lambda a = \lambda(a_x, a_y) = (\lambda a_x, \lambda a_y)$$

显然，位置向量线性运算的坐标表示同样适用于自由向量.

例 2 - 18 设 $a = -i + 2j$，$b = 3i - 5j$，试求：$a + b$，$a - b$，$4a$，$3a - 2b$.

解：$a + b = (-1 + 3)i + (2 - 5)j = 2i - 3j$
$a - b = (-1 - 3)i + [2 - (-5)]j = -4i + 7j$
$4a = -4i + 8j$
$3a - 2b = (-3i + 6j) - (6i - 10j) = -9i + 16j$

例 2 - 19 设 $a = (3, -2)$，$b = (2, 0)$，$c = (-4, 1)$，求向量 $3a + 2b - c$ 的坐标.

解：$3a + 2b - c = (9 + 4 + 4, -6 + 0 - 1) = (17, -7)$

2. 向量平行（共线）的坐标表示

向量 a 与非零向量 b 平行（共线）$\Leftrightarrow$ 有且只有一个非零实数 λ，使 $a = \lambda b$.

如果 $a = (a_x, a_y)$，$b = (b_x, b_y)$，那么

$(a_x, a_y) = \lambda(b_x, b_y) = (\lambda b_x, \lambda b_y) \Leftrightarrow \begin{cases} a_x = \lambda b_x \\ a_y = \lambda b_y \end{cases} \Leftrightarrow a_x b_y = b_x a_y \Leftrightarrow \dfrac{a_x}{b_x} = \dfrac{a_y}{b_y}$

于是 $a // b \ (\neq 0) \Leftrightarrow a_x b_y = b_x a_y \Leftrightarrow \dfrac{a_x}{b_x} = \dfrac{a_y}{b_y}$

例 2 - 20 已知 $a = (3, 2)$，$b = (b_x, 4)$，且 $a // b$，试求 b_x.

解：因为 $a // b$，有 $3 \times 4 = 2 \times b_x$，所以 $b_x = 6$.

例 2 - 21 已知三点坐标 $A(-1, 0)$，$B(1, 3)$，$C(5, 9)$，试证 A、B、C 三点共线.

证 $\overrightarrow{AB} = (1 - (-1), 3 - 0) = (2, 3)$
$\overrightarrow{BC} = (5 - 1, 9 - 3) = (4, 6)$
由 $2 \times 6 = 3 \times 4$，得 $\overrightarrow{AB} // \overrightarrow{BC}$
因为向量 $\overrightarrow{AB}$ 与 $\overrightarrow{BC}$ 有公共点 B，所以 A、B、C 三点共线.

3. 中点公式

在直角坐标系 Oxy 中，已知线段 AB 两端点坐标 $A(x_A, y_A)$，$B(x_B, y_B)$，求 AB 中点

C 的坐标 (x, y).

如图 2-20 所示，$\vec{AC} = (x - x_A, y - y_A)$，$\vec{CB} = (x_B - x, y_B - y)$

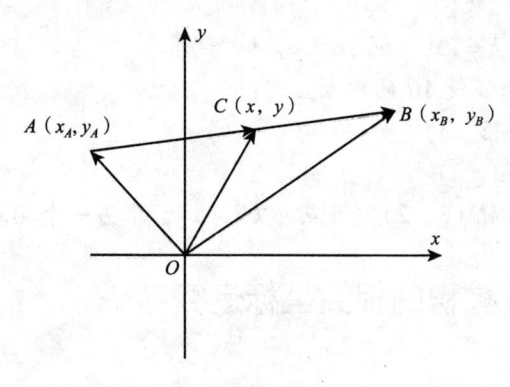

图 2-20

由于 A、B、C 三点共线且 C 为线段 AB 中点，故 $\vec{AC} = \vec{CB}$.

$$\vec{AC} = \vec{CB} \Leftrightarrow (x - x_A, y - y_A) = (x_B - x, y_B - y) \Leftrightarrow \begin{cases} x - x_A = x_B - x \\ y - y_A = y_B - y \end{cases} \Leftrightarrow \begin{cases} x = \dfrac{x_A + x_B}{2} \\ y = \dfrac{y_A + y_B}{2} \end{cases}$$

即：线段 AB 两端点坐标 $A(x_A, y_A)$，$B(x_B, y_B)$ 的中点 C 的坐标 (x, y) 为：

$$\begin{cases} x = \dfrac{x_A + x_B}{2} \\ y = \dfrac{y_A + y_B}{2} \end{cases}$$

上式称为线段 AB 的中点公式.

例 2-22 已知线段 AB 中点 M 的坐标为 $(1, -6)$，点 A 的坐标为 $(3, 1)$，求点 B 的坐标 (x_B, y_B).

解：由中点公式知：$\begin{cases} 1 = \dfrac{3 + x_B}{2} \\ -6 = \dfrac{1 + y_B}{2} \end{cases} \Rightarrow \begin{cases} x_B = -1 \\ y_B = -13 \end{cases}$，即 $B(-1, -13)$

---

1. 已知 a、b 的坐标，求 $a + b$，$a - b$，$-2a + 3b$ 的坐标.

   (1) $a = (3, 4)$，$b = (-2, 3)$

   (2) $a = (-3, 0)$，$b = (-1, 5)$

   (3) $a = (0, -1)$，$b = (-6, 0)$

2. 已知 A、B 的坐标，求 $\vec{AB}$，$\vec{OA} + \vec{AB}$，$\vec{AB} - \vec{OB}$ 的坐标.

   (1) $A(0, 3)$，$B(6, 3)$

第 2 章　平面向量及应用

(2) $A(-3, 4)$, $B(0, -5)$

(3) $A(2, \frac{1}{2})$, $B(\frac{1}{2}, -1)$

3. 已知 $a = (2, 3)$，$b = (x, -6)$，且 $a // b$，试求 x.

4. 求连接下列两点的线段 AB 的中点坐标：

(1) $A(5, 3)$, $B(-3, 3)$

(2) $A(-5, 1)$, $B(3, 7)$

5. 已知线段 AB 中点 $M(8, 2)$，端点 $A(5, 5)$，求另一个端点 B 的坐标.

2.5.2　平面向量数量积的相关坐标运算

学习目标：
(1) 掌握向量数量积的坐标运算及向量长度公式；(2) 掌握向量垂直的坐标运算；
(3) 掌握两个非零向量的夹角公式.

1. 向量数量积的坐标表示

根据数量积的定义，我们可知 $i \cdot i = j \cdot j = 1$
又因为 $i \perp j$，所以有 $i \cdot j = |i| \cdot |j| \cos 90° = 0$
设有平面两向量 $a = a_x i + a_y j$，$b = b_x i + b_y j$
则 $a \cdot b = (a_x i + a_y j) \cdot (b_x i + b_y j) = a_x b_x i^2 + a_x b_y i \cdot j + a_y b_x j \cdot i + a_y b_y j^2 = a_x b_x + a_y b_y$
即两向量的数量积等于它们对应坐标乘积之和：

$$a \cdot b = a_x b_x + a_y b_y$$

设 $a = a_x i + a_y j$，由向量数量积的运算可得**向量长度公式**：

$$|a| = \sqrt{a^2} = \sqrt{a_x^2 + a_y^2}$$

设平面上两点坐标为 $A(x_1, y_1)$，$B(x_2, y_2)$，可知向量 $\overrightarrow{AB} = (x_2 - x_1, y_2 - y_1)$，由向量长度公式即得**两点间距离公式**：

$$|AB| = |\overrightarrow{AB}| = \sqrt{(x_2 - x_1)^2 + (y_2 - y_1)^2}$$

例 2-23　已知向量 a、b，求 $a \cdot b$：

(1) $a = 3i + 2j$，$b = i + 5j$

(2) $a = (-5, 2)$，$b = (4, 0)$

解：(1) $a \cdot b = 3 \times 1 + 2 \times 5 = 13$

(2) $a \cdot b = (-5) \times 4 + 2 \times 0 = -20$

例 2-24　计算.

(1) 向量 $a = (-3, 4)$ 的长度；

(2) 两点 $A(-1, 1)$，$B(2, 5)$ 之间的距离.

解：(1) $|a| = \sqrt{(-3)^2 + 4^2} = 5$

(2) $|AB|=|\vec{AB}|=\sqrt{(-1-2)^2+(1-5)^2}=5$

2. 向量垂直的坐标表示

我们约定零向量 O 垂直于任何向量. 设 $a=(a_x,a_y)$, $b=(b_x,b_y)$.
若 $a \perp b$，则 $a \cdot b = a_x b_x + a_y b_y = 0$
反之，由 $a_x b_x + a_y b_y = a \cdot b = |a| \cdot |b| \cos<a,b> = 0$，可推知 $<a,b>=90°$ 或 $|a| \cdot |b|=0$，从而 $a \perp b$
于是可得 $a \perp b \Leftrightarrow a \cdot b = 0 \Leftrightarrow a_x b_x + a_y b_y = 0$

例 2-25 判断下列向量 a 与 b 是否垂直：

(1) $a=(-5,7)$, $b=(-6,-4)$
(2) $a=(2,-3)$, $b=(-6,-4)$

解：(1) $a \cdot b = (-5) \times (-6) + 7 \times (-4) = 30 - 28 = 2 \Rightarrow a$ 与 b 不垂直
(2) $a \cdot b = 2 \times (-6) + (-3) \times (-4) = -12 + 12 = 0 \Rightarrow a \perp b$

例 2-26 已知 $\triangle ABC$ 中顶点坐标 $A(2,-1)$, $B(0,1)$, $C(-1,0)$，求证 $\triangle ABC$ 为直角三角形.

证 因为 $\vec{AB} = (0-2, 1+1) = (-2, 2)$
$\vec{BC} = (-1-0, 0-1) = (-1, -1)$
$\vec{AB} \cdot \vec{BC} = (-2) \times (-1) + 2 \times (-1) = 0$
所以 $\vec{AB} \perp \vec{BC}$，$\angle ABC = 90°$，所以 $\triangle ABC$ 为直角三角形.

3. 两个非零向量的夹角

设 $a=(a_x,a_y)$, $b=(b_x,b_y)$ 为两个非零向量，$<a,b>=\theta$，根据数量积的定义有

$$\cos\theta = \frac{a \cdot b}{|a||b|}$$

用数量积的坐标表示有

$$\cos\theta = \frac{a_x b_x + a_y b_y}{\sqrt{a_x^2+a_y^2}\sqrt{b_x^2+b_y^2}}$$

例 2-27 求向量 $a=(4,5)$, $b=(5,4)$ 的夹角 θ（用反三角函数表示）.

解：$\cos\theta = \dfrac{4 \times 5 + 5 \times 4}{\sqrt{4^2+5^2}\sqrt{5^2+4^2}} = \dfrac{40}{41}$

$\therefore \theta = \arccos\dfrac{40}{41}$（或用计算器得 $\theta = 12°40'49''$）

练习2.5.2

1. 已知 $a = (3, -4)$，$b = (-1, 2)$，求 $a \cdot b$，$|a|$，$|b|$.

2. 已知 $a = (1, -2)$，$b = (-1, 4)$，求：
   (1) $a \cdot (a+b)$ (2) $(a+b) \cdot (a-b)$
   (3) $(a+b)^2$

3. 判断下列各组向量是否垂直：
   (1) $a = (3, -4)$，$b = (4, 3)$
   (2) $a = (\sqrt{3}, 0)$，$b = (0, \sqrt{2})$
   (3) $a = (-5, 2)$，$b = (3, 4)$

4. 已知 $a = i - 2j$，$b = -i - 4j$，求 a 与 b 的夹角（用反三角函数表示或用计算器计算出角度）.

习题2.5

1. 已知 $\triangle ABC$ 中，顶点坐标为 $A(2, -1)$，$B(4, 1)$，$C(6, -3)$，D、E、F 分别为边 AB、BC、CA 的中点，求：
   (1) D、E、F 的坐标   (2) $\overrightarrow{AE} + \overrightarrow{BF} + \overrightarrow{CD}$

2. 已知三点坐标 $A(-1, -1)$，$B(2, 1)$，$C(-2, 3)$，求：
   (1) $\overrightarrow{AB}$，$\overrightarrow{AC}$ (2) $\overrightarrow{AB} \cdot \overrightarrow{AC}$
   (3) $\overrightarrow{AC} + \overrightarrow{AB}$；$\overrightarrow{AB} - \overrightarrow{AC}$ (4) $\angle BAC$

3. 已知 $A(0, 1)$，$B(1, 0)$，$C(1, 2)$，$D(3, 0)$，用向量方法证明 $\overrightarrow{AB} // \overrightarrow{CD}$.

4. 已知 $a = (3, -4)$，求与 a 垂直的单位向量.

5. 已知四边形顶点坐标 $A(7, -1)$，$B(12, 12)$，$C(0, 16)$，$D(-5, 5)$，试计算对角线 AC 与 BD 的长度，并证明 $AC \perp BD$.

§2.6 平移公式

学习目标：
（1）理解并掌握点的平移动公式；（2）理解并掌握坐标轴的平移公式.

1. 点的平移公式

在平面直角坐标系 Oxy 中，若将平面图形的所有点按照同一方向移动同样的长度，我们称之为**平移**.

设 $P(x, y)$ 为任一点，平移到 P' 点，且 $\overrightarrow{PP'}$ 的坐标为 (a, b)，P' 的坐标为 (x', y')，如图 2-21 所示，则由 $\overrightarrow{OP'} = \overrightarrow{OP} + \overrightarrow{PP'}$，得：

$$(x', y') = (x, y) + (a, b)$$

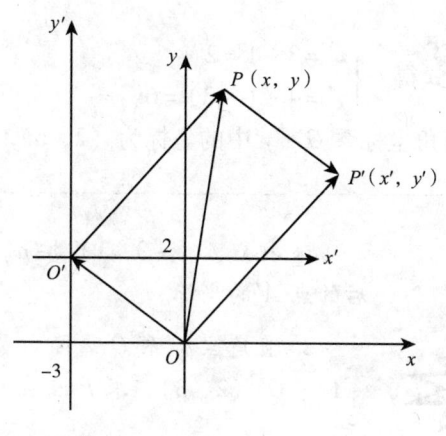

图 2-21

即 $\begin{cases} x' = x + a \\ y' = y + b \end{cases}$ 此公式称为**点的平移公式**,它反映了在直角坐标系 Oxy 中,点在平移向量 (a, b) 的作用下,新旧坐标之间的关系.

例 2-28 写出点 $P(x, y)$ 按照向量 $(-3, 2)$ 平移后的点 P' 的坐标为 (x', y').

解:由点的平移公式得:$\begin{cases} x' = x - 3 \\ y' = y + 2 \end{cases}$

2. 坐标轴的平移公式

在直角坐标系 Oxy 中,选取点 $O' = (-3, 2)$,以 O' 为原点,作 x' 轴与 x 轴正向同向,作 y' 轴与 y 轴正向同向,并保持坐标轴的长度单位不变,我们称旧直角坐标系 Oxy 按向量 $\overrightarrow{OO'} = (-3, 2)$ 平移到新直角坐标系 $O'x'y'$. 由于 $\overrightarrow{OO'} = -\overrightarrow{PP'} = (-3, 2)$,从而 $\overrightarrow{OP'} = \overrightarrow{O'P} = \overrightarrow{OP} - \overrightarrow{OO'}$.

即有 $(x', y') = (x, y) - (-3, 2)$.

因此 P' 的坐标为 $\begin{cases} x' = x + 3 \\ y' = y - 2 \end{cases}$

一般地,设 $P(x, y)$ 和 $O'(h, k)$ 为直角坐标系 Oxy 中的点,今将旧直角坐标系 Oxy 按向量 $\overrightarrow{OO'} = (h, k)$ 平移后得新直角坐标系 $O'x'y'$. 设 P 点在坐标系 $O'x'y'$ 中的坐标为 (x', y').

因为 $\overrightarrow{O'P} = \overrightarrow{OP} - \overrightarrow{OO'}$.

所以用坐标表示得:$(x', y') = (x, y) - (h, k)$

从而 $\begin{cases} x' = x - h \\ y' = y - k \end{cases}$ 此公式称为**坐标轴的平移公式**.

它反映了点 P 在新旧直角坐标系中坐标之间的关系,其中新直角坐标系 $O'x'y'$ 由旧坐标系 Oxy 按向量 $\overrightarrow{OO'} = (h, k)$ 平移得到,O' 在旧直角坐标系中的坐标为 (h, k).

例 2-29 以 $O'(1, -2)$ 为新原点,平移坐标轴,求点 $P(3, 4)$ 在新直角坐标系

$O'x'y'$中的坐标(x', y').

解：由坐标轴的平移公式得：$\begin{cases} x' = 3 - 1 = 2 \\ y' = 4 - (-2) = 6 \end{cases}$

即点$P(3, 4)$在新直角坐标系$O'x'y'$中的坐标为$(2, 6)$.

练习2.6

1. 把点$A(-3, 1)$按$a = (3, -4)$平移，求平移后的点A'的坐标.

2. 直角坐标系Oxy按向量$\overrightarrow{OO'}$平移，已知点$P(2, -1)$、$O'(2, 3)$，求P点在新直角坐标系$O'x'y'$中的坐标.

本章知识系统结构图

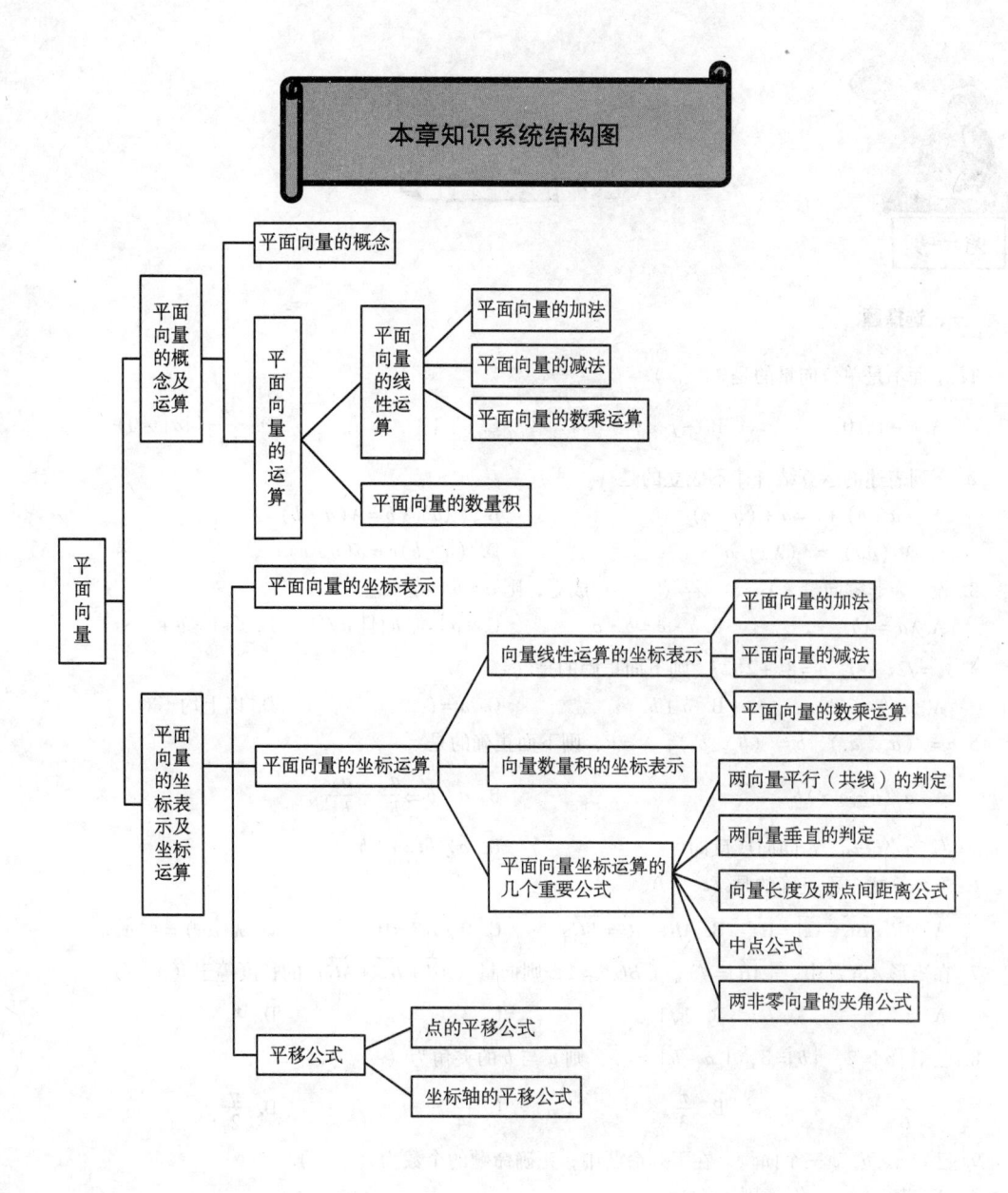

平面向量
- 平面向量的概念及运算
  - 平面向量的概念
  - 平面向量的运算
    - 平面向量的线性运算
      - 平面向量的加法
      - 平面向量的减法
      - 平面向量的数乘运算
    - 平面向量的数量积
- 平面向量的坐标表示及坐标运算
  - 平面向量的坐标表示
  - 平面向量的坐标运算
    - 向量线性运算的坐标表示
      - 平面向量的加法
      - 平面向量的减法
      - 平面向量的数乘运算
    - 向量数量积的坐标表示
    - 平面向量坐标运算的几个重要公式
      - 两向量平行（共线）的判定
      - 两向量垂直的判定
      - 向量长度及两点间距离公式
      - 中点公式
      - 两非零向量的夹角公式
  - 平移公式
    - 点的平移公式
    - 坐标轴的平移公式

第 2 章 平面向量及应用

复习题

一、选择题

1. 下面不是单位向量的是（　　）．

   A. $(-1, 0)$　　　B. $-j$　　　C. $(1,1)$　　　D. $\dfrac{a}{|a|}(|a|\neq 0)$

2. 下列表述的运算结合律不成立的是（　　）．

   A. $(a+b)+c=a+(b+c)$　　　　B. $(\lambda a)\cdot b=\lambda(a\cdot b)$

   C. $\lambda(\mu a)=(\lambda\mu)a$　　　　D. $(a\cdot b)c=a(b\cdot c)$

3. 设 c 为非零向量，$\lambda\in R$，若（　　）成立，则 $a=b$．

   A. $\lambda a=\lambda b$　　　B. $a\cdot c=b\cdot c$　　　C. $|a|=|b|$ 且 $a//b$　　　D. $a+c=b+c$

4. $a=\sqrt{2}i-4j$，$b=8i+2\sqrt{2}j$，则下面正确的是（　　）．

   A. $a//b$　　　B. $a\perp b$　　　C. $a=b$　　　D. 以上均不对

5. $a=(a_x, a_y)$，$b=(b_x, b_y)$，$\lambda\in R$，则下面正确的是（　　）．

   A. $a//b\Leftrightarrow a=\lambda b$　　　　B. $a//b\Leftrightarrow \dfrac{a_x}{b_x}=\dfrac{a_y}{b_y}$

   C. $a//b\Leftrightarrow a、b$ 同向或反向　　　D. $a//b\Leftrightarrow a=b$

6. 下列算式中不正确的是（　　）．

   A. $\overrightarrow{AB}+\overrightarrow{BC}+\overrightarrow{CA}=0$　　B. $\overrightarrow{AB}-\overrightarrow{AC}=\overrightarrow{BC}$　　C. $0\cdot\overrightarrow{AB}=0$　　D. $\lambda(\mu a)=(\lambda\mu)a$

7. 在矩形 $ABCD$ 中，$|\overrightarrow{AB}|=\sqrt{3}$，$|\overrightarrow{BC}|=1$，则向量 $(\overrightarrow{AB}+\overrightarrow{BC}+\overrightarrow{AC})$ 的长度等于（　　）．

   A. 2　　　B. $2\sqrt{3}$　　　C. 3　　　D. 4

8. 已知 $|a|=2$，$|b|=3$，$|a-b|=\sqrt{7}$，则 a 与 b 的夹角为（　　）．

   A. $\dfrac{\pi}{6}$　　　B. $\dfrac{\pi}{3}$　　　C. $\dfrac{\pi}{4}$　　　D. $\dfrac{\pi}{2}$

9. 已知 $a、b、c$ 三个向量，在下列命题中，正确命题的个数为（　　）．

   A. 若 $a//b$，$b//c$，则 $a//c$

   B. 若 $a=b$，$b=c$，则 $a=c$

   C. 若 $a=\overrightarrow{AB}$，$b=\overrightarrow{CD}$，且 $a=b$，则点 A 与点 C 重合，点 B 与点 D 重合

   D. 若 $|a|=|b|=|c|=1$，且 $a//b$，$b//c$，则 a 与 c 是模相等，且同向或反向的两个向量

   A. 1　　　B. 2　　　C. 3　　　D. 4

10. 若 $A、B、C、D$ 是不共线的四点，则 $\overrightarrow{AB}=\overrightarrow{DC}$ 是四边形 $ABCD$ 为平行四边形的（　　）．

    A. 充要条件　　　B. 充分条件　　　C. 充分不必要条件　　　D. 必要条件

二、填空题

1. 已知平面直角坐标系中，$A(-3, -5)$，$B(1, 7)$，则向量 $\overrightarrow{AB}$ 的坐标为_____．

2. 已知点 $A(1, -2)$，$B(3, 0)$，$C(4, 3)$，则平行四边形 $ABCD$ 的顶点 D 的坐标是_____．

3. 已知 $a=(-\sqrt{3},\ -1)$, $b=(1,\ \sqrt{3})$, $<a,\ b>=$ _____.
4. 已知 $a=(3,\ x)$, $b=(8,\ 12)$, 并且 $a\perp b$, 则 $x=$ _____.
5. 已知 $a=(5,\ 8)$, $b=(2,\ 3)$, $c=(1,\ -2)$, 则 $(a-b)\cdot c=$ _____.
6. 已知 $|a|=8$, $|b|=6$, $<a,\ b>=150°$, 则 $a\cdot b=$ _____.
7. 若 $|a|=4$, $|b|=3$. 向量 a 与 b 的夹角为 $60°$, $|a+b|=$ _____.
8. $\overrightarrow{AB}-\overrightarrow{BC}+\overrightarrow{DC}+\overrightarrow{BD}=$ _____.
9. $\overrightarrow{CD}+\overrightarrow{CF}+\overrightarrow{EC}+\overrightarrow{FC}$ _____.
10. $\overrightarrow{CD}-\overrightarrow{CE}+\overrightarrow{DF}-\overrightarrow{EF}=$ _____.

三、判断题

1. 任何向量都有确定的大小和方向; (　　)
2. $|a|=0$ 是向量 a 为零向量的充要条件; (　　)
3. 凡单位向量必相等; (　　)
4. 单位向量的长度相等; (　　)
5. $\overrightarrow{AB}+\overrightarrow{BA}=0$; (　　)
6. 零向量可取任何方向; (　　)
7. 任何数乘零向量都得零向量; (　　)
8. $|a|a=a^2$; (　　)
9. $i^2=j^2$; (　　)
10. $(a\cdot b)^2=a^2b^2$; (　　)

四、化简下列各式

1. $\dfrac{1}{5}(5a-3b)+\dfrac{1}{3}(3b-7c)+\dfrac{1}{7}(7c-5a)$
2. $3(a-3b+5c)-5(b-3c+5a)-(c-3a+5b)$

五、解答题

1. $\triangle ABC$ 中, D、E、F 分别为边 BC、CA、AB 的中点, $\overrightarrow{AB}=a$; $\overrightarrow{AC}=b$, 试求 $\overrightarrow{AD}+\overrightarrow{BE}+\overrightarrow{CF}$.
2. $|a|=\sqrt{2}$, $|b|=3$, $<a,\ b>=60°$, 求 (1) $|a+b|$; (2) $|a-b|$.
3. 已知 $a=(1,\ 2)$, $b=(-3,\ 2)$, k 为何值时.
   (1) $(ka+b)\perp(a-3b)$　　(2) $(ka+b)\ //\ (a-3b)$
4. 已知 $\square ABCD$ 的对角线向量 $\overrightarrow{AC}=a$, $\overrightarrow{BD}=b$, 用 a、b 表示 $\overrightarrow{AB}$、$\overrightarrow{BC}$、$\overrightarrow{CD}$、$\overrightarrow{DA}$.
5. 已知方程 $\dfrac{1}{2}(a-x)-\dfrac{1}{3}(x+b)=\dfrac{1}{6}c$, 求未知向量 x.
6. 已知 $\triangle ABC$ 的顶点坐标分别为 $A(2,\ 1)$, $B(3,\ 2)$, $C(-3,\ -1)$, BC 边上的高为 AD, 求 $\overrightarrow{AD}$ 以及点 D 的坐标.
7. 已知 $a=(5,\ 0)$, $b=(-3,\ 3)$, 求 $<a,\ b>$.
8. $\triangle ABC$ 中 D 为 BC 边中点, 求证 $\overrightarrow{AD}=\dfrac{1}{2}(\overrightarrow{AB}+\overrightarrow{AC})$.
9. 直角坐标系 Oxy 按向量 $(-1,\ 2)$ 平移得新坐标系 $O'x'y'$, 求点 $P(3,\ 4)$ 在新坐标系中的坐标.
10. $\triangle ABC$ 中顶点坐标 $A(-4,\ 6)$、$B(2,\ 2)$、$C(2,\ 6)$, 证明 $\triangle ABC$ 为直角三角形.

读一读

人体有多少脂肪才算适当

提起脂肪，很多人都很感兴趣——并不是指吃脂肪，而是怎样减去身体多余的脂肪。很多人怕自己身体积聚过多的脂肪，其实，我们虽然不鼓励太肥，但却也不能太瘦，以女性为例，身体脂肪量最好不要低于本身体重的15%，而男性则最好不低于5%，否则可能会影响生理机能的正常运作。

女性基本脂肪的比例要比男性高出约3倍，基本脂肪是存在骨髓中或心脏、肺脏、脾脏、肾脏、肠和肌肉内，以及中枢神经系统组成的脂肪。这种脂肪是用来维持身体正常的生理操作功能。在女性方面，基本脂肪亦包括储存在乳房、生殖系统，以及下半身的皮下特有脂肪。明显的，女性比男性有较多的基本脂肪，是生理上的需要，这些额外的基本脂肪，有助女性生育和维持身体荷尔蒙的正常运作。

测定人体脂肪存量的方法很多，如水中磅重、生物电阻等。但这些测试都需要仪器和专业受训的技术人员来执行。如果想在没有仪器的情况下了解身体的脂肪量，也有方法。以下是一种利用身高和体重来计算身体脂肪水平的方法，亦称为身体质量指数（Body Mass Index，BMI），透过BMI，我们可以知道自己体重是否在一个可接受的范围。公式是 $BMI = \dfrac{体重（kg）}{身高^2（m^2）}$，其中体重以公斤表示，而身高以米表示。以一位体重60公斤、身高160厘米的人士为例，其BMI便是23.4。正常范围为：男性为24~27，女性为23~36；少许肥胖：男性为28~31，女性为27~32；十分肥胖：男性为31以上，女性为32以上。

体重和身高可反映出我们体型的标准。将体重（W）除以身高的平方值（h^2），便得知用作比较身体脂肪水平的"身体质量指数"。但为何这种计算方式能反映出身体的脂肪存量？

BMI 的定义（$BMI = \dfrac{W}{h^2}$）本身是一联比。当 W 不变，$BMI = \dfrac{k_1}{h^2}$；而当 h 不变，$BMI = k_2 W$。在这两个关系中，以后者较易理解，即越重的人，在高度相同的情况下，会有越多的脂肪积聚。

要理解身体质量指数计算公式的背后意义，除了通过在数学关系上的描述外，更可透过牛油吐司（烤面包片）的比喻：以匀涂在吐司上的牛油的分量比做体重，吐司面上的牛油厚度则可比喻为反映身体脂肪存量的BMI值。在同一件吐司上，涂上的牛油分量越多，吐司面上的平均牛油厚度会越大；而若以同一件牛油匀涂于两件吐司上，每件吐司面上的牛油厚度则会减半。借用这个比喻，或许比强记计算身体质量指数的公式，更有效地提高我们对保持适量身体脂肪水平的意识呢。

第3章 曲线方程及应用

1997年初,中国科学院紫金山天文台发布了一条消息,从1997年2月中旬起,海尔·波普彗星将逐渐接近地球,4月以后,又将渐渐离去,并预测3000年后,它还将光临地球上空. 1997年2~3月,许多人目睹了这一天文现象.

天文学家是如何计算出彗星出现的准确时间呢?原来,海尔·波普彗星运行的轨迹是一个椭圆,通过观察它运行中的一些有关数据,可以推算出它运行轨道的方程,从而算出它运行的周期及轨道的周长.在太阳系中,天体运行的轨道除椭圆外,还有抛物线、双曲线等.

在日常生活和工作中,像椭圆、双曲线、抛物线等这些曲线有着广泛的应用,在这一章,将要学习曲线和方程的基础知识,通过平面直角坐标系,把点和坐标、曲线和方程等联系起来,进行形和数的研究.

§3.1 曲线的方程与方程的曲线

学习目标:
(1)了解曲线和方程的关系;(2)会求曲线方程及两曲线的交点.

1. 曲线和方程

在基础教材中,我们已研究过直线的几种常见方程,讨论了直线和二元一次方程的关系.下面,我们进一步研究一般曲线(包括直线)和方程的关系.

我们知道,两坐标轴所成的角位于第一、三象限的平分线的方程是 $x - y = 0$. 这就是说,如果点 $M(x_0, y_0)$ 是这条直线上任意一点,它到两坐标轴的距离一定相等,即 $x_0 = y_0$,那么它的坐标 (x_0, y_0) 是方程 $x - y = 0$ 的解;反过来,如果 (x_0, y_0) 是方程 $x - y = 0$ 的解,即 $x_0 = y_0$,那么以这个解为坐标的点到两轴的距离相等,它一定在这条平分线上(见图3-1).

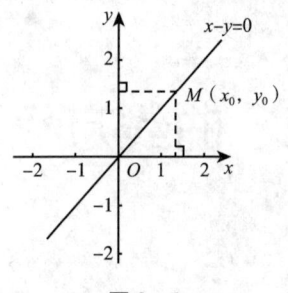

图 3-1

又如，函数 $y = ax^2$ 的图像是关于 y 轴对称的抛物线. 这条抛物线是所有以方程 $y = ax^2$ 的解为坐标的点组成的. 这就是说，如果 $M(x_0, y_0)$ 是抛物线上的点，那么 (x_0, y_0) 一定是这个方程的解；反过来，如果 (x_0, y_0) 是方程 $y = ax^2$ 的解，那么以它为坐标的点一定在这条抛物线上. 这样，我们就说 $y = ax^2$ 是抛物线的方程（见图 3-2）.

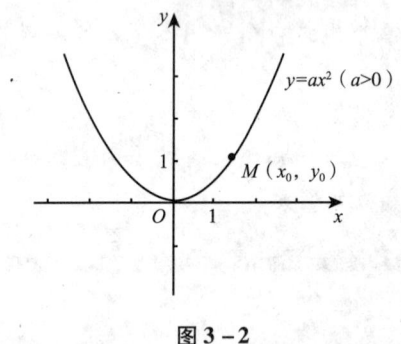

图 3-2

一般地，在直角坐标系中，如果某曲线 C（看做适合某种条件的点的集合或轨迹）上的点与一个二元方程 $f(x, y) = 0$ 的实数解建立了如下的关系：

（1）曲线上点的坐标都是这个方程的解；

（2）以这个方程的解为坐标的点都是曲线上的点.

那么，这个方程叫做**曲线的方程**；这条曲线叫做**方程的曲线**.

由曲线的方程的定义可知，如果曲线 C 的方程是 $f(x, y) = 0$，那么点 $P(x_0, y_0)$ 在曲线 C 上的充要条件是 $f(x_0, y_0) = 0$.

例 3-1 证明圆心为坐标原点，半径等于 5 的圆的方程是 $x^2 + y^2 = 25$，并判断点 $M_1(3, -4)$、$M_2(-2\sqrt{5}, 2)$ 是否在这个圆上.

证明：（1）设 $M(x_0, y_0)$ 是圆上任意一点. 因为点 M 到原点的距离等于 5，所以 $\sqrt{x_0^2 + y_0^2} = 5$，也就是 $x^2 + y^2 = 25$，即 (x_0, y_0) 是方程 $x^2 + y^2 = 25$ 的解.

（2）设 (x_0, y_0) 是方程 $x^2 + y^2 = 25$ 的解，那么 $x_0^2 + y_0^2 = 25$，两边开平方取算术根，得 $\sqrt{x_0^2 + y_0^2} = 5$，即点 $M(x_0, y_0)$ 到原点的距离等于 5，点 $M(x_0, y_0)$ 是这个圆上的点. 由（1）、（2）可知，$x^2 + y^2 = 25$ 圆心为坐标原点，半径等于 5 的圆的方程.

解： 把 $M_1(3, -4)$ 的坐标代入方程 $x^2 + y^2 = 25$，左右两边相等，$(3, -4)$ 是方程的解，所以点 M_1 在圆上；把 $M_2(-2\sqrt{5}, 2)$ 的坐标代入方程 $x^2 + y^2 = 25$，左右两边不相等，

$(-2\sqrt{5}, 2)$ 不是方程的解，所以点 M_2 不在圆上（见图 3-3）.

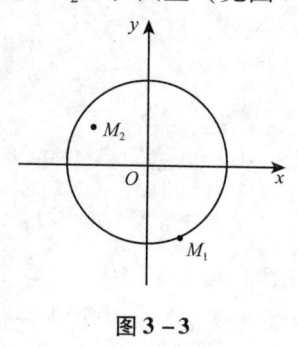

图 3-3

2. 曲线的方程

我们已经建立了曲线的方程、方程的曲线的概念. 利用这两个重要的概念，就可以借助于坐标系，用坐标表示点，把曲线看成满足某种条件的点的集合或轨迹，用曲线上点的坐标 (x, y) 所满足的方程 $f(x, y) = 0$ 表示曲线，通过研究方程的性质间接地来研究曲线的性质. 我们把这种借助坐标系研究几何图形的方法叫做**坐标法**. 在数学中，用坐标法研究几何图形的知识形成了一门叫做解析几何的学科.

> 平面解析几何研究的主要问题是：
> （1）根据已知条件，求出表示平面曲线的方程；
> （2）通过方程，研究平面曲线的性质.

例 3-2 已知一条曲线在 x 轴的上方，它上面的每一点到 $A(0, 2)$ 的距离减去它到 x 轴的距离的差都是 2，求这条曲线的方程.

解：设点 $M(x, y)$ 是曲线上任意一点，$MB \perp x$ 轴，垂足是 B（见图 3-4），那么点 M 属于集合 $P = \{M \mid |MA| - |MB| = 2\}$.

图 3-4

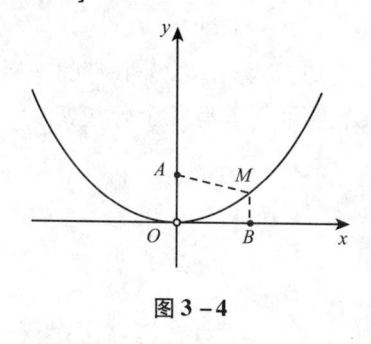

由距离公式，点 M 适合的条件可表示为：
$$\sqrt{x^2 + (y-2)^2} - y = 2.$$

①

将①式移项后再两边平方，得 $x^2+(y-2)^2=(y+2)^2$

化简得：
$$y=\frac{1}{8}x^2$$

因为曲线在 x 轴的上方，所以 $y>0$，虽然原点 O 的坐标（0，0）是这个方程的解，但不属于已知曲线，所以曲线的方程应是 $y=\frac{1}{8}x^2(x\neq 0)$，它的图形是关于 y 轴对称的抛物线，但却不包括抛物线的顶点，如图 3-4 所示.

由上面的例子可以看出，求曲线（图形）的方程，一般有以下几个步骤：

(1) 建立适当的坐标系，用有序实数对 (x, y) 表示曲线上任意一点 M 的坐标；
(2) 写出适合条件 P 的点 M 的集合 $P=\{M\mid P(M)\}$；
(3) 用坐标表示条件 $P(M)$，列出方程 $f(x, y)=0$；
(4) 化方程 $f(x, y)=0$ 为最简形式；
(5) 证明化简后的方程的解为坐标的点都是曲线上的点.

一般情况下，化简前后方程的解集是相同的，步骤（5）可以省略不写，如有特殊情况，可适当予以说明. 另外，根据情况，也可省略步骤（2），直接列出曲线方程.

3. 求曲线的交点

由曲线方程的定义可知，两条曲线交点的坐标应该是两个曲线方程的公共实数解，即两个曲线方程组成的方程组的实数解；反过来，方程组有几个实数解，两条曲线就有几个交点，方程组没有实数解，两条曲线就没有交点. 也就是说两条曲线有交点的充要条件是它们的方程所组成的方程组有实数解，可见，求曲线的交点的问题，就是求由它们的方程组的实数解的问题.

例 3-3 曲线 $C_1: 2y^2+3x+3=0$ 与曲线 $C_2: x^2+y^2-4x-5=0$ 公共点的个数是____.

分析： 由曲线方程的定义可知，两条曲线公共点的坐标，就是这两条曲线方程所组成的方程组的实数解，方程组有几组实数解，有几个公共点.

解： 联立两曲线方程组成方程组得：$\begin{cases}2y^2+3x+3=0\\x^2+y^2-4x-5=0\end{cases}$

解得：$\begin{cases}x=-1\\y=0\end{cases}$

即两条曲线的公共点为（-1，0）.

∴ 曲线 C_1 与曲线 C_2 公共点的个数是 1 个.

1. 已知方程 $ax^2+by^2=25$ 的曲线经过点 $A\left(0, \dfrac{5}{3}\right)$ 和 $B(1,1)$，求 a、b 的值.

2. 求到坐标原点的距离等于 2 的点的轨迹方程.

3. 已知点 M 与 x 轴的距离和点 M 与点 $F(0,4)$ 的距离相等，求点 M 的轨迹方程.

4. 求直线 $2x-5y+5=0$ 与曲线 $y=-\dfrac{10}{x}$ 的交点.

§3.2 直线与直线的位置关系

3.2.1 两条直线的位置关系

学习目标：
（1）给出两条直线的方程，能够判断它们是否平行与重合；
（2）给出两条直线的方程，能够判断它们是否垂直；
（3）会求过一点且与已知直线平行或垂直的直线方程.

平面上两条直线的位置关系有三种情况：平行、重合、相交. 这一节我们学习如何通过直线的方程来确定直线与直线的位置关系.

设两条直线方程分别为：$\begin{array}{l} l_1: A_1x+B_1y+C_1=0 \\ l_2: A_2x+B_2y+C_2=0 \end{array}$

则有 $l_1 // l_2 \Leftrightarrow \dfrac{A_1}{A_2}=\dfrac{B_1}{B_2}\neq\dfrac{C_1}{C_2}$；$l_1$ 与 l_2 重合 $\Leftrightarrow \dfrac{A_1}{A_2}=\dfrac{B_1}{B_2}=\dfrac{C_1}{C_2}$

这就是说，**两条直线平行或重合的充要条件是两个直线的一次项系数对应成比例**. 也就是说两条直线平行或重合只与两个方程中的一次项系数有关，如要区分两条直线平行还是重合，则需要进一步考虑 C_1 与 C_2 的关系.

例3-4 判断下列各对直线的位置关系：
（1）$l_1: 2x+y-9=0$，$l_2: 2x-y+5=0$
（2）$l_1: x+2y-4=0$，$l_2: 2x+4y-8=0$
（3）$l_1: 2x-4y-7=0$，$l_2: x=2y-5$
（4）$l_1: 3x-7=0$，$l_2: 2x=5$

解：（1）因为 $\dfrac{2}{2}\neq\dfrac{1}{-1}$，所以 l_1 与 l_2 相交；

（2）因为 $\dfrac{1}{2}=\dfrac{2}{4}=\dfrac{-4}{-8}$，所以 l_1 与 l_2 重合；

(3) 将 l_2 的方程化为一般式：$x-2y+5=0$，因为 $\frac{2}{1}=\frac{-4}{-2}\neq\frac{-7}{5}$，所以 l_1 与 l_2 平行；

(4) 因为 l_1 与 l_2 的方程中 y 的系数都为 0，又 $\frac{3}{2}\neq\frac{-7}{-5}$，所以 l_1 与 l_2 平行.

例 3-5 求过点（1，-4），且与直线 $2x+3y+5=0$ 平行的直线方程.

解： 设所求直线为 $2x+3y+D=0$，由于所求直线过点（1，-4），代入方程得 $D=10$，所以所求直线方程为 $2x+3y+10=0$

设给定的两条直线分别为：
$$l_1:A_1x+B_1y+C_1=0$$
$$l_2:A_2x+B_2y+C_2=0$$

则 $l_1\perp l_2\Leftrightarrow A_1A_2+B_1B_2=0$

这表明，两条直线垂直的充要条件是，两条直线方程中对应的一次项的系数乘积之和等于零.

例 3-6 判断下列各对直线是否垂直：

(1) $2x-4y-7=0$ 与 $2x+y-5=0$

(2) $2x=7$ 与 $3y-5=0$

解： (1) 因为两条直线中，x，y 的对应系数乘积之和 $2\times2+(-4)\times1=0$，所以这两条直线垂直.

(2) 因为两条直线中，x，y 的对应系数乘积之和 $2\times0+0\times3=0$，所以这两条直线垂直.

例 3-7 求过点（1，2），且与直线 $2x+y-10=0$ 垂直的直线方程.

解： 设所求直线为 $x-2y+C=0$，因为直线过点（1，2），代入方程得 $C=3$.

所以，所求直线方程为 $x-2y+3=0.$

练习3.2.1

1. 判断下列各对直线的位置关系：

(1) $l_1:3x+4y-5=0,l_2:4x-2y-1=0$

(2) $l_1:3x+4y-5=0,l_2:6x+8y+5=0$

(3) $l_1:2y-3=0,l_2:3y+5=0$

(4) $l_1:x-3y-4=0,l_2:2x-6y-8=0$

(5) $l_1:2x+3y-7=0,l_2:3x-2y-4=0$

(6) $l_1:2y+5=0,l_2:x=-3$

(7) $l_1:3x+2y-9=0,l_2:4x-6y+5=0$

2. 求过点 P，并且平行于直线 l 的方程：

(1) $P(2,3),l:2x+y-5=0$ (2) $P(5,0),l:2x-3y-7=0$

3. 已知：点 $A(2,5),B(6,-1),C(9,1)$. 求证：线段 AB 与 BC 垂直.

4. 求下列过点 P，且垂直于直线 l 的直线方程：

(1) $P(2,3),l:x-y-2=0$ (2) $P(4,-3),l:x+5y-3=0$

(3) $P(3,-5),l:x+y=0$

3.2.2 两条直线的夹角与点到直线的距离

学习目标：
(1) 理解两条直线的夹角的定义；
(2) 已知两条直线的方程，会求两条直线的夹角；
(3) 掌握点到直线的距离公式，并能利用公式进行计算.

1. 两条直线的夹角

两条直线相交，构成两对对顶角，其中不大于 $\frac{\pi}{2}$ 的角叫做两条直线的夹角；当两条直线平行或重合时，规定它们的夹角为 0. 设两条直线的夹角为 θ，则 θ 的取值范围是 $0 \leq \theta \leq \frac{\pi}{2}$. 见图 3-5.

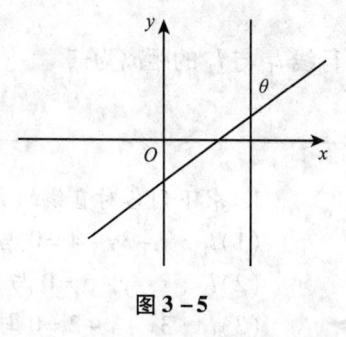

图 3-5

设两条直线的方程为：$\begin{array}{l} l_1 : A_1x + B_1y + C_1 = 0 \\ l_2 : A_2x + B_2y + C_2 = 0 \end{array}$

我们得到两条直线的夹角公式为 $\cos\theta = \dfrac{|A_1A_2 + B_1B_2|}{\sqrt{A_1{}^2 + B_1{}^2}\sqrt{A_2{}^2 + B_2{}^2}} \left(0 \leq \theta \leq \dfrac{\pi}{2}\right)$

例 3-8 求直线 $l_1 : 2x + y - 3 = 0$ 与 $l_2 : x - y - 3 = 0$ 夹角的余弦值.

解： 由两直线夹角公式，得：

$$\cos\theta = \frac{|2 \times 1 + 1 \times (-1)|}{\sqrt{2^2 + 1^2}\sqrt{1^2 + (-1)^2}} = \frac{\sqrt{10}}{10}$$

2. 点到直线的距离

这一节我们来解决如何根据直线的方程及一个给定点的坐标，求该点到直线的距离问题. 已知直线 $l : Ax + By + C = 0$ 和直线外一点 $P_0(x_0, y_0)$，则 P_0 到直线 l 的距离 d 有以下公式：

$$d = \frac{|Ax_0 + By_0 + C|}{\sqrt{A^2 + B^2}}$$，这就是点到直线的距离公式.

例3-9 求点$P(-1, 2)$分别到直线：(1) $2x + y = 5$，(2) $3x = 1$的距离d_1和d_2.

解：(1) 将直线方程化为一般式：$2x + y - 5 = 0$，由点到直线的距离公式，得：

$$d_1 = \frac{|2 \times (-1) + 1 \times 2 - 5|}{\sqrt{2^2 + 1^2}} = \frac{5}{\sqrt{5}} = \sqrt{5}$$

(2) 将直线方程化为一般式：$3x - 1 = 0$，由点到直线的距离公式，得：

$$d_2 = \frac{|3 \times (-1) - 1|}{\sqrt{3^2 + 0^2}} = \frac{4}{3}$$

例3-10 求两条平行线$l_1: 12x - 5y + 8 = 0$和$l_2: 12x - 5y - 24 = 0$的距离.

分析： 两条平行直线的距离，就是在其中一条直线上任取一点，求该点到另一条直线的距离.

解： 在直线$l_2: 12x - 5y - 24 = 0$任取一点$P(2, 0)$，点P到$l_1: 12x - 5y + 8 = 0$的距离为：

$$d = \frac{|12 \times 2 + 8|}{\sqrt{12^2 + 5^2}} = \frac{32}{13}$$，即平行线l_1与l_2的距离为$\frac{32}{13}$.

练习3.2.2

1. 求下列各对直线的夹角的余弦：
(1) $l_1: x - 3y + 4 = 0$与$l_2: 2x - y - 5 = 0$
(2) $l_1: x - y - 5 = 0$与$l_2: x + 2y - 3 = 0$
(3) $l_1: 3x + y - 2 = 0$与$l_2: x + 1 = 0$
(4) $l_1: \sqrt{3}x - y - 1 = 0$与$l_2: \sqrt{3}x - 3y + 6 = 0$

2. 分别求直线$x - 2y - 1 = 0$与x轴和y轴所在直线的夹角的余弦.

3. 求直线$3x - 5y + 1 = 0$与直线$x + 3y - 5 = 0$的夹角的正切.

4. 求下列点到直线的距离：
(1) $O(0, 0)$, $3x + 4y - 5 = 0$ 　　(2) $A(2, -3)$, $x + y - 1 = 0$
(3) $B(1, 0)$, $\sqrt{3}x + y - \sqrt{3} = 0$ 　　(4) $C(1, 2)$, $3x + y = 0$
(5) $D(-2, 3)$, $y - 7 = 0$ 　　(6) $E(3, 2)$, $x + 4 = 0$

5. 求两条平行线$2x + 3y - 8 = 0$和$2x + 3y + 18 = 0$的距离.

6. 求两条平行线$3x - 2y - 5 = 0$和$6x - 4y + 3 = 0$的距离.

1. 若两条直线平行，则一定相等的是（　　）．
   A. 斜率 B. 倾斜角
   C. 在 y 轴上的截距 D. 在 x 轴上的截距
2. 已知直线 $l_1 : 2x - y + 1 = 0$，$l_2 : x + 2y - 1 = 0$，则 l_1 与 l_2 的位置关系为（　　）．
   A. 平行 B. 垂直 C. 重合 D. 相交但不垂直
3. 两条直线的位置关系分为_____、_____、_____三种．
4. 如果两条直线垂直，则它们相交所成的夹角等于_____．
5. 已知直线 l 与直线 $2x - y + 1 = 0$ 平行，且直线过点 (2, 3)，则直线 l 的方程为_____．
6. 已知直线 l 与直线 $2x - y + 1 = 0$ 垂直，且直线过点 (2, 3)，则直线 l 的方程为_____．
7. 点 A (2, 3) 到直线 $2x - y + 4 = 0$ 的距离是_____．
8. 点 C (-1, 4) 到直线 $x - 2 = 0$ 的距离是_____．
9. 点 P (2, 3) 到直线 $ax + (a-1)y + 3 = 0$ 的距离等于3，则 a 的值为_____．
10. 两条平行线 $3x - 4y + 13 = 0$ 与 $3x - 4y - 7 = 0$ 间的距离是_____．
11. 已知直线 $l_1 : ax + 2y + 6 = 0$ 与直线 $l_2 : x + (a-1)y + a^2 - 1 = 0$ 平行，求 a 的值．
12. 已知直线 $l_1 : x + 2y - 1 = 0$ 与直线 $l_2 : ax + y + 1 = 0$ 垂直，求 a 的值．
13. 已知三角形 ABC，A (-1, 2)，B (5, 1)，C (3, -1)，求过顶点 C 且平行于底边 AB 的直线方程．
14. 已知直线 $l_1 : 2x + 3y + 1 = 0$ 与直线 $l_2 : mx + ny - 1 = 0$ 垂直，写出 m 与 n 满足的关系式．
15. 在直线 $y = x$ 上求一点，使它到直线 $x - 2y - 4 = 0$ 的距离等于 $\sqrt{5}$．

§3.3　圆

学习目标：
（1）掌握圆的标准方程；（2）掌握圆的一般方程；（3）掌握直线和圆的位置关系及圆与圆的位置关系的判定方法．

1. 圆的标准方程

我们知道，平面内与定点距离等于定长的点的集合（轨迹）是圆．定点就是圆心，定长就是半径．

根据圆的定义，我们来求圆心是 $C(a,b)$，半径为 r 的圆的方程．

如图 3-6，设 $M(x,y)$ 是圆上任意一点，根据定义，点 M 到圆心 C 的距离等于 r，所以圆 C 集合 $P = \{M \mid |MC| = r\}$．

由两点间的距离公式，点 M 适合的条件可表示为：

$$\sqrt{(x-a)^2 + (y-b)^2} = r \tag{1}$$

把 (1) 式两边平方，得：

$$(x-a)^2 + (y-b)^2 = r^2 \tag{2}$$

图 3-6

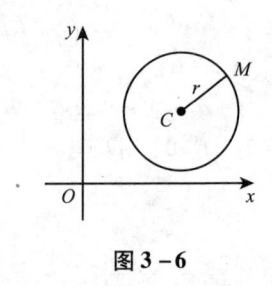

方程（2）就是圆心为 $C(a,b)$，半径为 r 的圆的方程，我们把它叫做圆的标准方程.

> 圆的标准方程突出的几何意义：圆心的位置和半径的大小.

如果圆心在坐标原点，这时 $a=0$，$b=0$，那么圆的方程就是 $x^2+y^2=r^2$.

例 3-11 求以 $C(1,3)$ 为圆心，并且和直线 $3x-4y-7=0$ 相切的圆的方程.

解： 已知圆心是 $C(1,3)$，那么只要再求出圆的半径 r，就能写出圆的方程.

因为圆 C 和直线 $3x-4y-7=0$ 相切，所以半径 r 等于圆心 C 到直线的距离. 根据点到直线的距离公式，得 $r=\dfrac{16}{5}$，因此，所求的圆的方程是 $(x-1)^2+(y-3)^2=\dfrac{256}{25}$.

例 3-12 已知圆的方程是 $x^2+y^2=r^2$，求经过圆上一点 $M(x_0, y_0)$ 的切线方程.

解： 如图 3-7 设切线的斜率为 k，半径 OM 的斜率为 k_1. 因为圆的切线垂直于过切点的半径，于是 $k=-\dfrac{1}{k_1}$.

$$\because k_1=\dfrac{y_0}{x_0}$$

$$\therefore k=-\dfrac{x_0}{y_0}$$

经过点 M 的切线方程是：

$$y-y_0=-\dfrac{x_0}{y_0}(x-x_0)$$

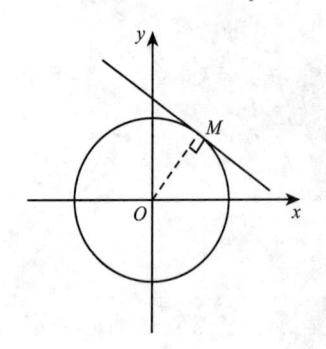

图 3-7

因为点 $M(x_0,y_0)$ 在圆上，整理得：$x_0 x+y_0 y=x_0^2+y_0^2$.

所以 $x_0^2+y_0^2=r^2$

所以切线方程是 $x_0 x+y_0 y=r^2$

当点 M 在坐标轴上时，可以验证上面的方程同样适用.

> 想一想，是否可以应用平面几何或平面向量的知识求此切线方程.

2. 圆的一般方程

把圆的标准方程 $(x-a)^2+(y-b)^2=r^2$ 展开，得：$x^2+y^2-2ax-2by+a^2+b^2-r^2=0$
可见，任何一个圆的方程都可以写成下面的形式：

$$x^2+y^2+Dx+Ey+F=0 \tag{1}$$

反过来，我们来研究形如（1）式的方程的曲线是不是圆.
将（1）式的左边配方，得：

$$\left(x+\frac{D}{2}\right)^2+\left(y+\frac{E}{2}\right)^2=\frac{D^2+E^2-4F}{4} \tag{2}$$

（1）当 $D^2+E^2-4F>0$ 时，比较方程（2）式和圆的标准方程，可以看出（1）式表示以 $(-\frac{D}{2},-\frac{E}{2})$ 为圆心、$\frac{1}{2}\sqrt{D^2+E^2-4F}$ 为半径的圆；

（2）当 $D^2+E^2-4F=0$ 时，方程（1）式只有实数解 $x=-\frac{D}{2}$、$y=-\frac{E}{2}$，所以表示一个点 $(-\frac{D}{2},-\frac{E}{2})$；

（3）当 $D^2+E^2-4F<0$ 时，方程（1）式没有实数解，因而它不表示任何图形.

因此，当 $D^2+E^2-4F>0$ 时，方程 $x^2+y^2+Dx+Ey+F=0$ 表示一个圆，方程 $x^2+y^2+Dx+Ey+F=0$ 叫做**圆的一般方程**.

> 圆的一般方程突出了方程形式上的特点：
> （1）x^2 和 y^2 的系数相同，不等于0；
> （2）没有 xy 这样的二次项.

以上两点是二元二次方程.

$$Ax^2+Bxy+Cy^2+Dx+Ey+F=0$$

表示圆的必要条件，但不是充分条件.

要求出圆的一般方程，只要求出三个系数 D、E、F 就可以了.

例 3 – 13 求过三点 $O(0,0)$、$M_1(1,1)$、$M_2(4,2)$ 的圆的方程，并求这个圆的半径和圆心坐标.

解：设所求的圆的方程为 $x^2+y^2+Dx+Ey+F=0$

用待定系数法，根据所给条件来确定 D、E、F.

因为 O、M_1、M_2 在圆上，所以它们的坐标是方程的解.把它们的坐标依次代入上面的方程，得到关于 D、E、F 的三元一次方程组：

$$\begin{cases} F = 0 \\ D + E + F + 2 = 0 \\ 4D + 2E + F + 20 = 0 \end{cases}$$

解这个方程组,得 $F = 0$,$D = -8$,$E = 6$. 于是得到所求圆的方程:

$$x^2 + y^2 - 8x + 6y = 0$$

由前面的讨论可知,所求圆的半径 $r = \frac{1}{2}\sqrt{D^2 + E^2 - 4F} = 5$,圆心坐标是 $(4, -3)$.

想一想,对于这个问题,怎样先求出圆心和半径,再求圆方程.

例 3 - 14 已知一曲线是与两个定点 $O(0, 0)$、$A(3, 0)$ 距离的比为 $\frac{1}{2}$ 的点的轨迹,求曲线的方程,并画出曲线.

解:在给定的坐标系里,设点 $M(x, y)$ 是曲线上的任意一点,也就是点 M 属于集合 $P = \left\{ M \left| \frac{|OM|}{|AM|} = \frac{1}{2} \right. \right\}$ 由两点距离公式,点 M 所适合的条件可以表示为:

$$\frac{\sqrt{x^2 + y^2}}{\sqrt{(x-3)^2 + y^2}} = \frac{1}{2} \tag{1}$$

将 (1) 式两边平方,得:

$$\frac{x^2 + y^2}{(x-3)^2 + y^2} = \frac{1}{4}$$

化简得:

$$x^2 + y^2 + 2x - 3 = 0 \tag{2}$$

这就是所求曲线方程.

把方程 (2) 式的左边配方,得 $(x+1)^2 + y^2 = 4$

所以方程 (2) 式的曲线是以 $C(-1, 0)$ 为圆心,2 为半径的圆,它的图形如图 3 - 8 中所示.

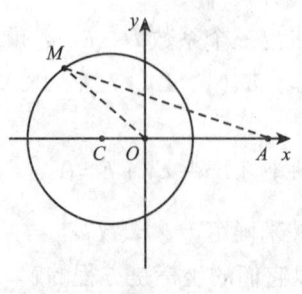

图 3 - 8

3. 直线和圆的位置关系

（1）直线和圆位置关系的定义.

① 直线和圆有两个公共点时，叫做直线和圆相交，这时的直线叫做圆的割线；

② 直线和圆有唯一个公共点时，叫做直线和圆相切，这时的直线叫做圆的切线；

③ 直线和圆没有公共点时，叫做直线和圆相离.

（2）直线和圆的位置关系的性质和判断.

如果 $\odot O:(x-a)^2+(y-b)^2=r^2$，半径为 r，圆心 $O(a,b)$ 到直线 $l:Ax+By+C=0$ 的距离为 d，其中 $d=\dfrac{|Aa+Bb+C|}{\sqrt{A^2+B^2}}$. 那么：

① 直线 l 与 $\odot O$ 相交 $\Leftrightarrow d<r$

② 直线 l 与 $\odot O$ 相切 $\Leftrightarrow d=r$

③ 直线 l 与 $\odot O$ 相离 $\Leftrightarrow d>r$

> "$\Leftrightarrow$"读作等价于，表示从左端可以推出右端，并且从右端也可以推出左端.

若直线 l 与圆的切点是 (x_0,y_0)，则切线的方程为：

$$(x_0-a)(x-a)+(y_0-b)(y-b)=r^2$$

例 3-15 在 $\triangle ABC$ 中，$\angle C=90°$，$AC=3$cm，$BC=4$cm. 以 C 为圆心，r 为半径的圆与 AB 有何位置关系？为什么？

（1）$r=2$cm　　　（2）$r=2.4$cm　　　（3）$r=3$cm

分析：先求出圆心 C 到直线 AB 的距离，再与半径 r 比较.

解：如图 3-9 所示，过 C 作 $CD \perp AB$ 于 D，在 Rt$\triangle ABC$ 中，$\angle C=90°$，$AC=3$，$BC=4$，$\therefore AB=5$.

$$S_{\triangle ACB}=\dfrac{1}{2}AB\cdot CD=\dfrac{1}{2}AC\cdot BC$$

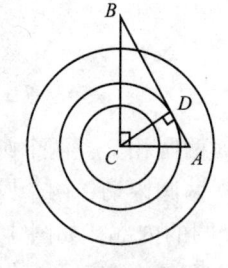

$\therefore AB\cdot CD=AC\cdot BC$

$\therefore CD=\dfrac{AC\cdot BC}{AB}=\dfrac{3\times 4}{5}=2.4$cm

当 $r=2$cm 时，$CD>r$，$\odot C$ 与 AB 相离；

当 $r=2.4$cm 时，$CD=r$，$\odot C$ 与 AB 相切；

当 $r=3$cm 时，$CD<r$，$\odot C$ 与 AB 相交.

图 3-9

例 3-16 已知 $\triangle ABC$ 中，$\angle C=90°$，$CD\perp AB$ 于 D，$AD=2$，$BD=1$，以 C 为圆心，1.4 为半径画圆. 求证：直线 AB 与 $\odot C$ 相离.

证明：$\because CD\perp AB$ 于 D

∴ CD 是圆心到 AB 的距离

∵ $\angle CDB = \angle CDA = \angle C = 90°$, $\angle A + \angle ACD = \angle B + \angle A = 90°$

∴ $\angle ACD = \angle B$

∴ $\triangle ACD \backsim \triangle CBD$

∴ $\dfrac{CD}{BD} = \dfrac{AD}{CD}$

∴ $CD^2 = AD \cdot BD$

又∵ $AD = 2, BD = 1$ ∴ $CD = \sqrt{2}$

∵ ⊙C 的半径 $r = 1.4$ ∴ $CD = \sqrt{2} > 1.4$

∴ 直线 AB 与⊙C 相离.

4. 圆和圆的位置关系

(1) 两圆位置关系的定义.

① 两圆外离:两个圆没有公共点,并且每个圆上的点都在另一个圆的外部,见图 3 - 10(a).

② 两圆外切:两个圆有唯一的公共点,并且除了这个公共点以外,每个圆上的点都在另一个圆的外部,见图 3 - 10(b).

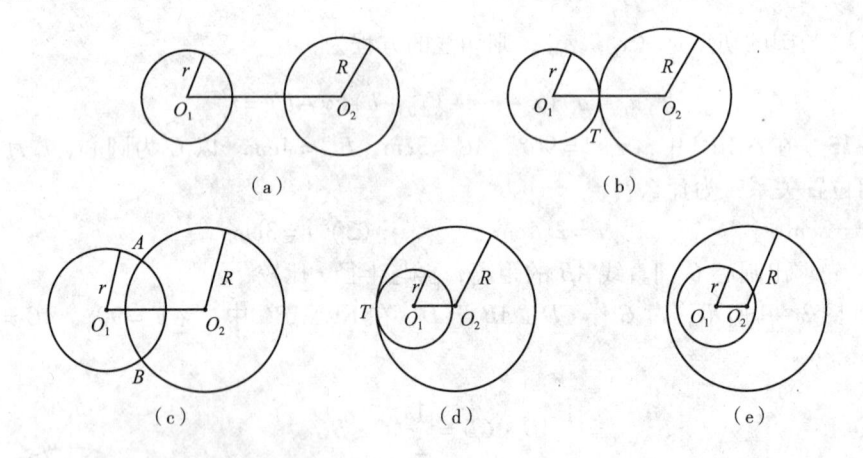

图 3 - 10

③ 两圆相交:两个圆有两个公共点,如图 3 - 10(c) 所示.

④ 两圆内切:两个圆有唯一的公共点,并且除了这个公共点以外,一个圆上的点都在另一个圆的内部,如图 3 - 10(d) 所示.

⑤ 两圆内含:两个圆没有公共点,并且一个圆上的点都在另一个圆的内部,两圆同心是两圆内含的一个特例,如图 3 - 10(e) 所示.

(2) 两圆的位置关系与两圆的半径、圆心距之间的关系.

设两圆半径分别为 R 和 r,圆心距 $O_1O_2 = d$. 那么:

① 两圆外离 ⇔ $d > R + r$. 如图 3 - 10(a).

② 两圆外切 $\Leftrightarrow d = R + r$. 如图 3-10(b).
③ 两圆相交 $\Leftrightarrow R - r < d < R + r(R \geq r)$. 如图 3-10(c).
④ 两圆内切 $\Leftrightarrow d = R - r(R > r)$. 如图 3-10(d).
⑤ 两圆内含 $\Leftrightarrow 0 \leq d < R - r(R > r)$. 如图 3-10(e).

(3) 两圆相切的重要性质.

如果两个圆相切，那么切点一定在连心线上. 如图 3-11，已知 $\odot O_1$ 与 $\odot O_2$ 相切（包括内切和外切）于点 T，则切点 T 在连心线 O_1O_2 上.

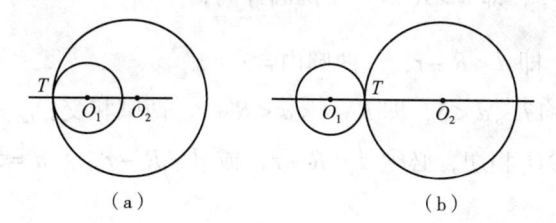

(a)　　　(b)

图 3-11

(4) 两圆相交的重要性质.

相交两圆的连心线垂直平分两圆的公共弦. 如图 3-12，已知 $\odot O_1$ 与 $\odot O_2$ 相交于 A、B 两点，连接 AB 和 O_1O_2，则 ① $O_1O_2 \perp AB$；② O_1O_2 平分 AB，即 $AC = BC$.

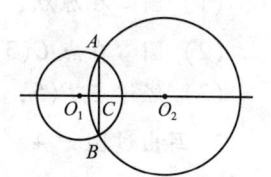

图 3-12

在解决两圆相交问题时，常添加连心线、公共弦等辅助线，这样，两圆半径、圆心距、公共弦的一半就集中到了 $\triangle O_1AO_2$ 中，可以利用三角形有关知识加以解决. 如图 3-13，$|O_1D| = \sqrt{|O_1A|^2 - |AD|^2}$，$|O_2D| = \sqrt{|O_2A|^2 - |AD|^2}$.

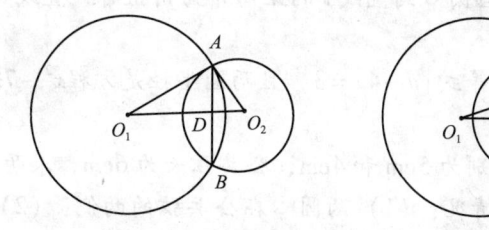

图 3-13

若给出已知不相等的两个圆的半径和公共弦，求两圆的圆心距，一般有以下两种情况：

(1) 两圆心在公共弦的两侧；(2) 两圆心在公共弦的同侧.

例3-17 已知⊙O_1与⊙O_2的半径为R、r，且$R \geq r$，R、r是方程$x^2 - 5x + 2 = 0$的两根. 设$O_1O_2 = d$，那么若（1）$d = \frac{11}{2}$；（2）$d = 3$；（3）$d = 4.5$. 分别判断⊙O_1与⊙O_2的位置关系；（4）若两圆相切，求d的值.

解：∵ R、r是方程$x^2 - 5x + 2 = 0$的两根，∴ $R + r = 5$，$Rr = 2$.

∵ $R - r \geq 0$，∴ $R - r = \sqrt{(R-r)^2} = \sqrt{(R+r)^2 - 4Rr} = \sqrt{25 - 8} = \sqrt{17}$.

（1）$d = \frac{11}{2} = 5.5 > 5$，即$d > R + r$，∴ 两圆外离；

（2）$d = 3 < \sqrt{17}$，即$d < R - r$，∴ 两圆内含；

（3）$d = 4.5$ ∴ $\sqrt{17} < d < 5$，即$R - r < d < R + r$，两圆相交；

（4）要使⊙O_1与⊙O_2相切，必须$d = R + r$，或$d = R - r$，∴ $d = 5$ 或 $d = \sqrt{17}$时，两圆相切.

> 两圆相切包括内切和外切两种情况.

练习3.3

1. 写出下列各圆的方程：
（1）圆心在原点，半径是3
（2）圆心在点$C(3, 4)$，半径是$\sqrt{5}$
（3）经过点$P(5, 1)$，圆心在点$C(8, -3)$

2. 写出过圆$x^2 + y^2 = 10$上一点$M(2, \sqrt{6})$的切线的方程.

3. 求下列各圆的半径和圆心坐标：
（1）$x^2 + y^2 - 6x = 0$
（2）$x^2 + y^2 + 2by = 0$
（3）$x^2 + y^2 - 2ax - 2\sqrt{3}ay + 3a^2 = 0$

4. 已知⊙O的半径为6，当圆心到直线l的距离d为何值时，直线l与⊙O相切、相离、相交？

5. 若两圆的圆心距d满足等式$|d - 4| = 3$，且两圆半径是方程$x^2 - 7x + 12 = 0$的两个根，判断这两个圆的位置关系.

6. 已知两相交圆的半径分别为5cm和4cm，公共弦长为6cm，求两圆的圆心距.
注意：两圆相交时有两种情况：（1）两圆心在公共弦的两侧；（2）两圆心在公共弦的同侧.

§3.4 椭圆

学习目标：
（1）掌握椭圆的定义及其标准方程；（2）掌握椭圆简单的几何性质．

1. 椭圆的定义

取一条定长的细绳，把它的两端固定在画图板上的 F_1 和 F_2 两点（见图 3-14），当绳长大于 F_1 和 F_2 的距离时，用铅笔尖把绳子拉紧，使笔尖在图板上慢慢移动，就可以画出一个椭圆．

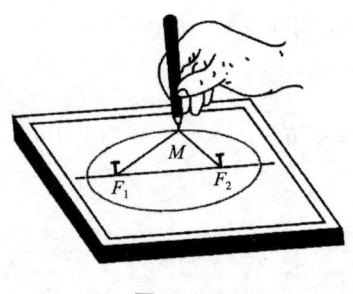

图 3-14

从上面的画图过程，我们可以看出，**椭圆是与定点 F_1、F_2 的距离的和等于定长（即这条绳长）的点的集合**．

我们把平面内与两个定点 F_1、F_2 的距离的和等于常数（大于 $|F_1F_2|$）的点的轨迹叫做**椭圆**．这两个定点叫做椭圆的**焦点**，两焦点的距离叫做椭圆的**焦距**．

2. 椭圆的标准方程

如图 3-15，建立直角坐标系 xOy，使 x 轴经过点 F_1、F_2，并且点 O 与线段 F_1F_2 的中点重合．

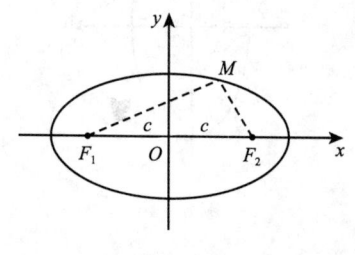

图 3-15

设 $M(x,y)$ 是椭圆上任意一点，椭圆的焦距为 $2c(c>0)$，那么，焦点 F_1、F_2 的坐标分别是 $(-c,0)$、$(c,0)$。又设 M 与 F_1、F_2 的距离和等于常数 $2a$.

由椭圆的定义，椭圆就是集合 $P=\{M\mid|MF_1|+|MF_2|=2a\}$

因为 $|MF_1|=\sqrt{(x+c)^2+y^2}$，$|MF_2|=\sqrt{(x-c)^2+y^2}$

所以得 $\sqrt{(x+c)^2+y^2}+\sqrt{(x-c)^2+y^2}=2a$

将这个方程移项后两边平方，得：

$$(x+c)^2+y^2=4a^2-4a\sqrt{(x-c)^2+y^2}+(x-c)^2+y^2$$

整理得：$a^2-cx=a\sqrt{(x-c)^2+y^2}$

上式两边再平方，得：

$$a^4-2a^2cx+c^2x^2=a^2x^2-2a^2cx+a^2c^2+a^2y^2$$

整理得：$(a^2-c^2)x^2+a^2y^2=a^2(a^2-c^2)$

由椭圆的定义可知，$2a>2c$，即 $a>c$，所以 $a^2-c^2>0$.

令：$a^2-c^2=b^2$，其中 $b>0$.

代入上式，得 $b^2x^2+a^2y^2=a^2b^2$

两边同除以 a^2b^2，得：

$$\frac{x^2}{a^2}+\frac{y^2}{b^2}=1\quad(a>b>0)$$

这个方程叫做**椭圆的标准方程**. 它所表示的是椭圆的焦点在 x 轴上，焦点是 $F_1(-c,0)$、$F_2(c,0)$，这里 $c^2=a^2-b^2$.

如果使点 F_1、F_2 在 y 轴上，点 F_1、F_2 的坐标分别为 $F_1(0,-c)$、$F_2(0,c)$（见图3-16），a、b 的意义同上，那么所得方程变为 $\frac{y^2}{a^2}+\frac{x^2}{b^2}=1(a>b>0)$. 这个方程也是椭圆的标准方程.

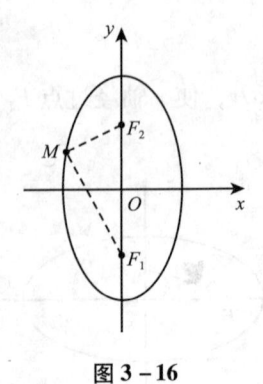

图 3-16

例 3-18 求适合下列条件的椭圆的标准方程：

（1）两个焦点的坐标分别是（-4,0）、(4,0)，椭圆上一点 P 到两焦点距离的和等于 10；

（2）两个焦点的坐标分别是（0,-2）、(0,2)，并且椭圆经过点 $(-\frac{3}{2},\frac{5}{2})$.

解：（1）因为椭圆的焦点在 x 轴上，所以设它的标准方程为：

$$\frac{x^2}{a^2}+\frac{y^2}{b^2}=1(a>b>0)$$

$\because 2a=10, 2c=8, \therefore a=5, c=4$

$\therefore b^2=a^2-c^2=5^2-4^2=9$

所以所求椭圆的标准方程为 $\frac{x^2}{25}+\frac{y^2}{9}=1$

（2）因为椭圆的焦点在 y 轴上，所以设它的标准方程为：

$$\frac{y^2}{a^2}+\frac{x^2}{b^2}=1(a>b>0)$$

由椭圆定义知：

$$2a=\sqrt{\left(-\frac{3}{2}\right)^2+\left(\frac{5}{2}+2\right)^2}+\sqrt{\left(-\frac{3}{2}\right)^2+\left(\frac{5}{2}-2\right)^2}=\frac{3}{2}\sqrt{10}+\frac{1}{2}\sqrt{10}=2\sqrt{10}$$

$\therefore a=\sqrt{10}$，又 $c=2$

$\therefore b^2=a^2-c^2=10-4=6$

所以所求椭圆的标准方程为：

$$\frac{x^2}{10}+\frac{y^2}{6}=1$$

例 3-19 已知 B、C 是两个定点，$|BC|=6$，且 $\triangle ABC$ 的周长等于 16，求顶点 A 的轨迹方程.

分析：在解析几何里，求符合某种条件的点的轨迹方程，要建立适当的坐标系. 为选择适当的坐标系，常常需要画出草图.

在图 3-17 中，由 $\triangle ABC$ 的周长等于 16，$|BC|=6$ 可知，点 A 到 B、C 两个定点的和是常数，即 $|AB|+|AC|=16-6=10$，因此，点 A 的轨迹是以 B、C 为焦点的椭圆，据此可建立坐标系并画出草图（见图 3-17）.

解：如图 3-17 所示，建立坐标系，使 x 轴经过点 B、C，原点 O 与 BC 的中点重合.

由已知 $|AB|+|AC|+|BC|=16$，$|BC|=6$，有 $|AB|+|AC|=10$

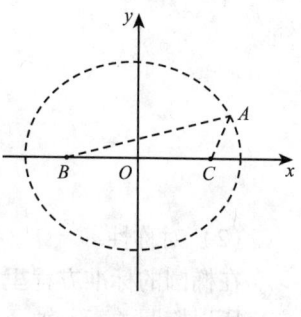

图 3-17

即点 A 的轨迹是椭圆,且 $2c=6, 2a=16-6=10$

$\therefore c=3, a=5, b^2=5^2-3^2=16$

但当点 A 在直线 BC 上,即 $y=0$ 时,A、B、C 三点不能构成三角形,所以点 A 的轨迹方程是:

$$\frac{x^2}{25}+\frac{y^2}{16}=1 (y \neq 0)$$

> 注意:求出曲线的方程后,要注意检查一下方程的曲线上的点是否符合题意,如果有不符合题意的点,应在所得方程后注明限制条件.

3. 椭圆的几何性质

在解析几何里,是利用曲线的方程来研究曲线的几何性质的,也就是说,是通过对曲线的方程的讨论,得到曲线的形状、大小和位置. 下面,我们利用椭圆的标准方程:

$$\frac{x^2}{a^2}+\frac{y^2}{b^2}=1 (a>b>0)$$

来研究椭圆的几何性质.

(1) 范围.

讨论方程中 x、y 的取值范围,可以得到曲线在坐标系中的范围.

由标准方程可知,椭圆上点的坐标 (x, y) 都适合不等式 $\frac{x^2}{a^2} \leq 1$,$\frac{y^2}{b^2} \leq 1$

即 $x^2 \leq a^2$,$y^2 \leq b^2$

$\therefore |x| \leq a$,$|y| \leq b$

这说明椭圆位于直线 $x=\pm a$ 和 $y=\pm b$ 所围成的矩形里(见图3–18).

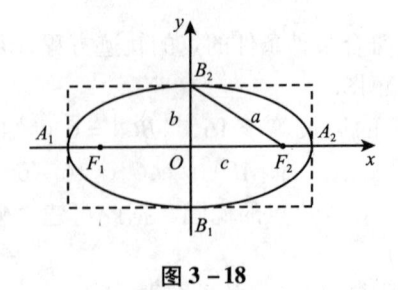

图 3–18

(2) 对称性.

在椭圆的标准方程里,以 $-x$ 代 x,或以 $-y$ 代 y,或以 $-x$、$-y$ 分别代 x、y,方程都不变,所以椭圆关于 y 轴、x 轴和原点都是对称的. 这时,坐标轴是椭圆的对称轴,原点是椭圆的对称中心. 椭圆的对称中心叫做**椭圆的中心**.

(3) 顶点.

研究曲线上某些特殊点的位置,可以确定曲线的位置. 要确定曲线在坐标系中的位置,常常需要求出曲线与 x 轴、y 轴的交点坐标.

椭圆与对称轴的交点为椭圆的**顶点**:$A_1(-a,0)$、$A_2(a,0)$、$B_1(0,-b)$、$B_2(0,b)$.

线段 A_1A_2、B_1B_2 分别叫做椭圆的**长轴**和**短轴**,它们的长分别等于 $2a$ 和 $2b$,a 和 b 分别叫做椭圆的长半轴长和短半轴长.

观察图 3-18,由椭圆的对称性可知,椭圆短轴的端点到两个焦点的距离相等,且等于长半轴长,即 $|B_1F_1|=|B_1F_2|=|B_2F_1|=|B_2F_2|=a$

在 Rt$\triangle OB_2F_2$ 中,$|OF_2|^2=|B_2F_2|^2-|OB_2|^2$,即 $c^2=a^2-b^2$,这就是在上面椭圆及其标准方程中令 $a^2-c^2=b^2$ 的几何意义.

(4) 离心率.

椭圆的焦距与长轴长的比 $e=\dfrac{c}{a}$,叫做**椭圆的离心率**.

因为 $a>c>0$,所以 $0<e<1$. e 越接近 1,则 c 越接近 a,从而 $b=\sqrt{a^2-c^2}$ 越小,因此椭圆越扁;反之,e 越接近 0,c 越接近于 0,从而 b 越接近 a,这时椭圆就接近于圆.

当且仅当 $a=b$ 时,$c=0$,这时两个焦点重合,图形变为圆,它的方程为 $x^2+y^2=a^2$.

例 3-20 求椭圆 $16x^2+25y^2=400$ 的长轴和短轴的长、离心率、焦点和顶点坐标.

解:把已知方程化为标准方程 $\dfrac{x^2}{5^2}+\dfrac{y^2}{4^2}=1$,这里 $a=5,b=4$,所以 $c=\sqrt{25-16}=3$.

因此,椭圆的长轴长和短轴长分别是 $2a=10$ 和 $2b=8$,离心率 $e=\dfrac{c}{a}=\dfrac{3}{5}$,两个焦点分别是 $F_1(-3,0)$ 和 $F_2(3,0)$,椭圆四个顶点是 $A_1(-5,0)$、$A_2(5,0)$、$B_1(0,-4)$、$B_2(0,4)$.

例 3-21 求适合下列条件的椭圆的标准方程:

(1) 经过点 $P(-3,0)$、$Q(0,-2)$;

(2) 长轴的长等于 20,离心率等于 $\dfrac{3}{5}$.

解:(1) 由椭圆的几何性质知,以坐标轴为坐标轴的椭圆与坐标轴的交点就是椭圆的顶点,所以点 P、Q 分别是椭圆长轴和短轴的一个端点. 于是得 $a=3,b=2$. 又因为长轴在 x 轴上,所以椭圆的标准方程为 $\dfrac{x^2}{9}+\dfrac{y^2}{4}=1$.

(2) 由已知,$2a=20$,$e=\dfrac{c}{a}=\dfrac{3}{5}$,$\therefore a=10,c=6$

$\therefore b^2=10^2-6^2=64$

由于椭圆的焦点可能在 x 轴上,也可能在 y 轴上,所以所求椭圆的标准方程为

$$\dfrac{x^2}{100}+\dfrac{y^2}{64}=1 \quad 或 \quad \dfrac{y^2}{100}+\dfrac{x^2}{64}=1$$

例 3-22 点 $M(x,y)$ 与定点 $F(c,0)$ 的距离和它到定直线 $l:x=\dfrac{a^2}{c}$ 的距离的比是常数 $\dfrac{c}{a}$ $(a>c>0)$,求点 M 的轨迹.

解:设 d 是点 M 到直线 l 的距离,根据题意,所求轨迹是集合

$$P = \left\{ M \mid \frac{|MF|}{d} = \frac{c}{a} \right\}$$

由此得: $\dfrac{\sqrt{(x-c)^2 + y^2}}{\left|\dfrac{a^2}{c} - x\right|} = \dfrac{c}{a}$

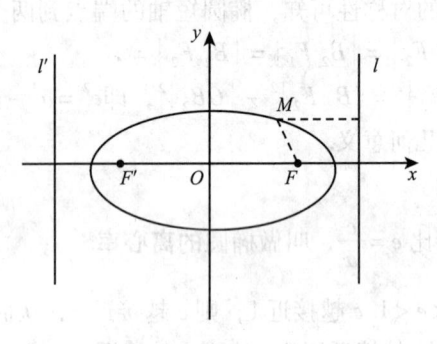

图 3-19

将上式两边平方,并化简,得 $(a^2 - c^2)x^2 + a^2 y^2 = a^2(a^2 - c^2)$

设 $a^2 - c^2 = b^2$,就可化成 $\dfrac{x^2}{a^2} + \dfrac{y^2}{b^2} = 1 (a > b > 0)$

这是椭圆的标准方程,所以点 M 的轨迹是长轴、短轴长分别为 $2a$、$2b$ 的椭圆.(图 3-19).

由例 3-20 可知,当点 M 与一个定点的距离和它到定直线的距离的比是常数 $e = \dfrac{c}{a}(0 < e < 1)$ 时,这个点的轨迹是椭圆. 定点是椭圆的焦点,定直线叫做椭圆的准线,常数 e 是椭圆的离心率.

对于椭圆 $\dfrac{x^2}{a^2} + \dfrac{y^2}{b^2} = 1 (a > b > 0)$,相应于焦点 $F(c, 0)$ 的准线方程是 $x = \dfrac{a^2}{c}$,根据椭圆的对称性,相应于焦点 $F'(-c, 0)$ 的准线方程是 $x = -\dfrac{a^2}{c}$,所以椭圆有两条准线.

练习3.4 练一练 想一想

1. 平面内两个定点的距离等于8,一个动点 M 到这两个定点的距离的和等于10,建立适当的坐标系,写出动点 M 的轨迹.

2. 如果椭圆 $\dfrac{x^2}{100} + \dfrac{y^2}{36} = 1$ 上一点 P 到焦点 F_1 的距离等于6,则点 P 到另一个焦点 F_2 的距离是多少?

3. 写出适合下列条件的椭圆的标准方程:
(1) $a = 4$, $b = 1$,焦点在 x 轴上

(2) $a=4$,$c=\sqrt{15}$,焦点在 y 轴上

(3) $a+b=10$,$c=2\sqrt{5}$

4. 求适合下列条件的椭圆的标准方程:

(1) $a=6$,$e=\dfrac{1}{3}$,焦点在 x 轴上

(2) $c=3$,$e=\dfrac{3}{5}$,焦点在 y 轴上

5. 求下列椭圆的焦点坐标和准线方程:

(1) $\dfrac{x^2}{100}+\dfrac{y^2}{16}=1$ (2) $2x^2+y^2=8$

§3.5 双曲线

学习目标:
(1) 掌握双曲线的定义及其标准方程;(2) 掌握双曲线简单的几何性质.

1. 双曲线定义

我们已经知道,与两定点的距离的和为常数的点的轨迹是椭圆,那么与两定点的距离的差为非零常数的点的轨迹是怎样的曲线呢?

如图 3-20 所示,取一条拉链,拉开它的一部分,在拉开的两边上各选择一点,分别固定在点 F_1、F_2 上,F_1 到 F_2 的长为 $2a$ ($a>0$). 把笔尖放在点 M 处,随着拉链逐渐拉开或者闭拢,笔尖就画出一条曲线(见图 3-20 中右边的曲线). 这条曲线是满足下面条件的点的集合,即 $P=\{M\mid |MF_1|-|MF_2|=2a\}$.

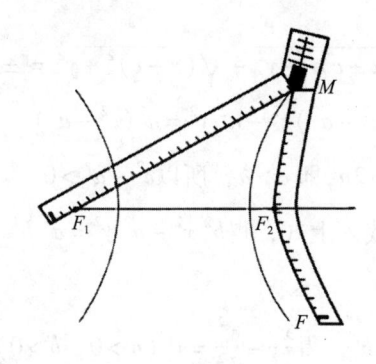

图 3-20

如果使点 M 到点 F_2 的距离减去到点 F_1 的距离所得的差等于 $2a$,就得到另一条曲线(图

3-20中左边的曲线），这条曲线是满足下面条件的点的集合，即：

$$P = \{M \mid |MF_2| - |MF_1| = 2a\}$$

这两条曲线合起来叫做双曲线，每一条叫做双曲线的一支.

下面给出双曲线的定义：我们把平面内与两个定点F_1、F_2的距离的差的绝对值等于常数（小于$|F_1F_2|$）的点的轨迹叫做**双曲线**．这两个定点叫做**双曲线的焦点**，两焦点的距离叫做**双曲线的焦距**．

2. 双曲线标准方程

我们可以仿照求椭圆的标准方程的做法，求双曲线的标准方程.

如图3-21，建立直角坐标系xOy，使x轴经过点F_1、F_2，并且点O与线段F_1F_2的中点重合．

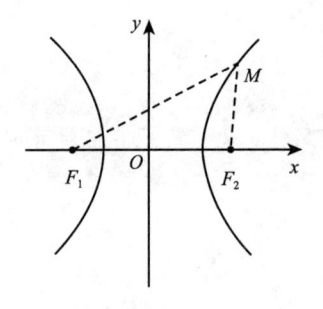

图3-21

设$M(x, y)$是双曲线上任意一点，双曲线的焦距为$2c(c>0)$，那么，焦点F_1、F_2的坐标分别是$(-c,0)$和$(c,0)$，又设点M与F_1、F_2的距离的差的绝对值等于常数$2a$.

由定义可知，双曲线就是集合$P = \{M \mid |MF_1| - |MF_2| = \pm 2a\}$

因为 $|MF_1| = \sqrt{(x+c)^2 + y^2}$，$|MF_2| = \sqrt{(x-c)^2 + y^2}$

所以：

$$\sqrt{(x+c)^2 + y^2} - \sqrt{(x-c)^2 + y^2} = \pm 2a \qquad (1)$$

将方程（1）式化简，得$(c^2 - a^2)x^2 - a^2 y^2 = a^2(c^2 - a^2)$

由双曲线的定义可知，$2c > 2a$，即$c > a$，所以$c^2 - a^2 > 0$

令$c^2 - a^2 = b^2$，其中$b > 0$代入上式，得$b^2 x^2 - a^2 y^2 = a^2 b^2$

两边除以

$$a^2 b^2，得 \frac{x^2}{a^2} - \frac{y^2}{b^2} = 1 \quad (a > 0, b > 0) \qquad (2)$$

这个方程叫做**双曲线的标准方程**，它所表示的双曲线的焦点在x轴上，焦点是$F_1(-c, 0)$、$F_2(c, 0)$，这里$c^2 = a^2 + b^2$.

如果双曲线的焦点在 y 轴上（见图3-22），焦点 $F_1(0, -c)$、$F_2(0, c)$，a、b 的意义同上，那么只要将方程（2）式的 x、y 互换，就可以得到它的方程：

$$\frac{y^2}{a^2} - \frac{x^2}{b^2} = 1 \tag{3}$$

这个方程也是双曲线的标准方程.

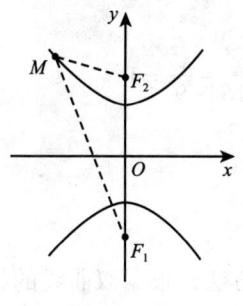

图 3-22

例 3-23 已知双曲线两个焦点的坐标为 $F_1(-5, 0)$、$F_2(5, 0)$，双曲线上一点 P 到 F_1、F_2 的距离的差的绝对值等于 6，求双曲线的标准方程.

解：因为双曲线的焦点在 x 轴上，所以设它的标准方程为：

$$\frac{x^2}{a^2} - \frac{y^2}{b^2} = 1 \,(a > 0, b > 0)$$

∵ $2a = 6, 2c = 10$，∴ $a = 3, c = 5$

∴ $b^2 = 5^2 - 3^2 = 16$

所以所求双曲线的标准方程为 $\dfrac{x^2}{9} - \dfrac{y^2}{16} = 1$

例 3-24 已知双曲线的焦点在 y 轴上，并且双曲线上两点 P_1、P_2 的坐标分别为 $(3, -4\sqrt{2})$、$(\dfrac{9}{4}, 5)$，求双曲线的标准方程.

解：因为双曲线的焦点在 y 轴上，所以设双曲线的标准方程为：

$$\frac{y^2}{a^2} - \frac{x^2}{b^2} = 1 \,(a > 0, b > 0) \tag{1}$$

因为点 P_1、P_2 在双曲线上，所以点 P_1、P_2 的坐标适合方程（1）式，将 $(3, -4\sqrt{2})$ 和 $(\dfrac{9}{4}, 5)$ 分别代入方程（1）式中，得方程组：

$$\begin{cases} \dfrac{(-4\sqrt{2})^2}{a^2} - \dfrac{3^2}{b^2} = 1 \\ \dfrac{5^2}{a^2} - \dfrac{(\frac{9}{4})^2}{b^2} = 1 \end{cases}$$

第3章 曲线方程及应用

令 $m = \dfrac{1}{a^2}$，$n = \dfrac{1}{b^2}$，则方程组化为 $\begin{cases} 32m - 9n = 1 \\ 25m - \dfrac{81}{16}n = 1 \end{cases}$

解这个方程组，得 $\begin{cases} m = \dfrac{1}{16} \\ n = \dfrac{1}{9} \end{cases}$ 即 $a^2 = 16, b^2 = 9$

所以所求双曲线的标准方程为 $\dfrac{y^2}{16} - \dfrac{x^2}{9} = 1$.

3. 双曲线的简单几何性质

我们仿照讨论椭圆几何性质的方法，根据双曲线的标准方程 $\dfrac{x^2}{a^2} - \dfrac{y^2}{b^2} = 1 (a > 0, b > 0)$ 来研究它的几何性质.

（1）范围.

由标准方程可知，双曲线上点的坐标 (x, y) 都适合不等式 $\dfrac{x^2}{a^2} \geqslant 1$

即 $x^2 \geqslant a^2 \therefore x \geqslant a$ 或 $x \leqslant -a$.

这说明双曲线在不等式 $x \geqslant a$ 与 $x \leqslant -a$ 所表示的区域内.

（2）对称性.

双曲线关于 y 轴、x 轴和原点都是对称的，这时，坐标轴是双曲线的对称轴，原点是双曲线的对称中心，双曲线的对称中心叫做**双曲线**的中心.

（3）顶点.

在双曲线的标准方程里，令 $y = 0$，得 $x = \pm a$，因此双曲线和 x 轴有两个交点 $A_1(-a, 0)$、$A_2(a, 0)$. 因为 x 轴是双曲线的对称轴，所以双曲线和它的对称轴有两个交点，它们叫做**双曲线**的顶点.

令 $x = 0$，得 $y^2 = -b^2$，这个方程没有实数解，说明双曲线和 y 轴没有交点，但我们也把 $B_1(0, -b)$、$B_2(0, b)$ 画在 y 轴上（见图 3-23）.

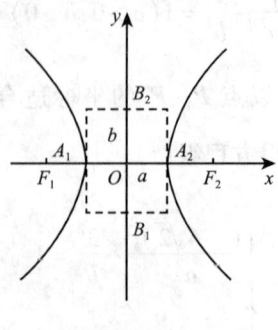

图 3-23

线段 A_1A_2 叫做**双曲线的实轴**，它的长等于 $2a$，a 叫做双曲线的实半轴长；线段 B_1B_2 叫做**双曲线的虚轴**，它的长等于 $2b$，b 叫做双曲线的虚半轴长.

（4）渐近线.

经过 A_1、A_2 作 y 轴的平行线 $x = \pm a$，经过 B_1B_2 作 x 轴的平行线 $y = \pm b$，四条直线围成一个矩形（见图 3-24），矩形的两条对角线所在直线的方程是 $y = \pm \dfrac{b}{a}x$，从图 3-24 可以看出，双曲线 $\dfrac{x^2}{a^2} - \dfrac{y^2}{b^2} = 1(a>0, b>0)$ 的各支向外延伸时，与这两条直线逐渐接近.

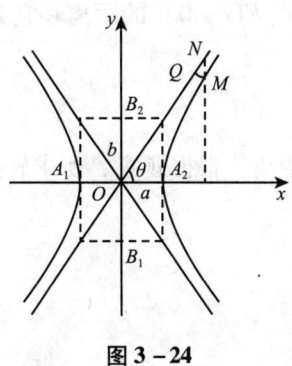

图 3-24

我们把两条直线 $y = \pm \dfrac{b}{a}x$ 叫做**双曲线的渐近线**.

在方程 $\dfrac{x^2}{a^2} - \dfrac{y^2}{b^2} = 1$ 中，如果 $a = b$，那么双曲线的方程为 $x^2 - y^2 = a^2$，它的实轴和虚轴的长都等于 $2a$，这时，四条直线 $x = \pm a, y = \pm a$ 围成正方形，渐近线方程为 $x = \pm y$，它们互相垂直，并且平分双曲线实轴和虚轴所成的角. 实轴和虚轴等长的双曲线叫做**等轴双曲线**.

利用双曲线的渐近线，可以帮助我们较准确地画出双曲线的草图. 具体做法是：画双曲线的渐近线，先确定双曲线顶点及第一象限内任意一点的位置，然后过这两点并根据双曲线在第一象限内从渐近线的下方逐渐接近渐近线的特点画出双曲线的一部分，最后利用双曲线的对称性画出完整的双曲线.

（5）离心率.

双曲线的焦距与实轴长的比 $e = \dfrac{c}{a}$，叫做**双曲线的离心率**.

因为 $c > a > 0$，所以 $e > 1$，由等式 $c^2 - a^2 = b^2$，可得：

$$\dfrac{b}{a} = \dfrac{\sqrt{c^2 - a^2}}{a} = \sqrt{\dfrac{c^2}{a^2} - 1} = \sqrt{e^2 - 1}$$

因此 e 越大，$\dfrac{b}{a}$ 越大，即渐近线 $y = \pm \dfrac{b}{a}x$ 的斜率的绝对值越大，这时双曲线的形状就从扁狭逐渐变得开阔.

例 3-25 求双曲线 $9y^2 - 16x^2 = 144$ 的实半轴长和虚半轴长、焦点坐标、离心率、渐近线方程.

解：把方程化为标准方程 $\dfrac{y^2}{4^2} - \dfrac{x^2}{3^2} = 1$，由此可知，实半轴长 $a = 4$，虚半轴长 $b = 3$.

$\therefore c = \sqrt{a^2 + b^2} = \sqrt{4^2 + 3^2} = 5$

$\therefore$ 焦点的坐标是 $(0, -5)$、$(0, 5)$；离心率 $e = \dfrac{c}{a} = \dfrac{5}{4}$

渐近线方程为 $x = \pm \dfrac{3}{4} y$，即 $y = \pm \dfrac{4}{3} x$

例 3 - 26 点 $M(x, y)$ 与定点 $F(c, 0)$ 的距离和它到定直线 $l: x = \dfrac{a^2}{c}$ 的距离的比是常数 $\dfrac{c}{a}(c > a > 0)$，求点 M 的轨迹.

解：设 d 是点 M 到直线 l 的距离，根据题意，所求轨迹就是集合 $P = \left\{ M \left| \dfrac{|MF|}{d} = \dfrac{c}{a} \right. \right\}$

由此得 $\dfrac{\sqrt{(x-c)^2 + y^2}}{\left| x - \dfrac{a^2}{c} \right|} = \dfrac{c}{a}$

化简，得：

$$(c^2 - a^2) x^2 - a^2 y^2 = a^2 (c^2 - a^2)$$

设 $c^2 - a^2 = b^2$，就可化为：

$$\dfrac{x^2}{a^2} - \dfrac{y^2}{b^2} = 1 \, (a > 0, b > 0)$$

这是**双曲线的标准方程**，所以点 M 的轨迹是实轴长、虚轴长分别为 $2a$、$2b$ 的双曲线（见图 3 - 25）. 由例 3 - 26 可知，当点 M 与一个定点的距离和它到定直线的距离的比是常数 $e = \dfrac{c}{a}(e > 1)$ 时，这个点的轨迹是**双曲线**. 定点是**双曲线的焦点**，定直线叫做**双曲线的准线**，常数 e 是**双曲线的离心率**.

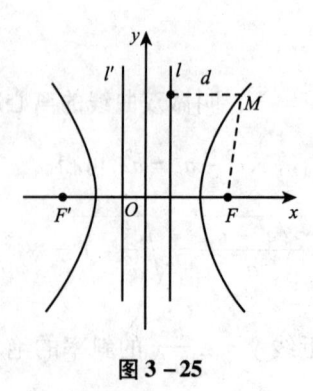

图 3 - 25

对于双曲线 $\dfrac{x^2}{a^2} - \dfrac{y^2}{b^2} = 1$，相应于焦点 $F(c, 0)$ 的准线方程是 $x = \dfrac{a^2}{c}$. 根据双曲线的对称性，

相应于焦点 $F'(-c,0)$ 的准线方程是 $x=-\dfrac{a^2}{c}$，所以双曲线有两条准线.

1. 求适合下列条件的双曲线的标准方程：
   (1) $a=4, b=3$，焦点在 x 轴上；
   (2) 焦点为 $(0,-6)$、$(0,6)$，经过点 $(2,-5)$；
   (3) 焦点在 x 轴上，经过点 $(-\sqrt{2},-\sqrt{3})$、$(\dfrac{\sqrt{15}}{3},\sqrt{2})$.

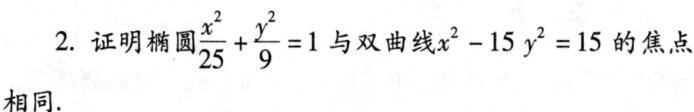

2. 证明椭圆 $\dfrac{x^2}{25}+\dfrac{y^2}{9}=1$ 与双曲线 $x^2-15y^2=15$ 的焦点相同.

3. 求下列双曲线的实轴和虚轴的长、顶点和焦点坐标、离心率、渐近线方程：
   (1) $x^2-8y^2=32$　　(2) $-\dfrac{x^2}{49}+\dfrac{y^2}{25}=1$

4. 求适合下列条件的双曲线的标准方程：
   (1) 顶点在 x 轴上，两顶点的距离是 8，$e=\dfrac{5}{4}$
   (2) 焦点在 y 轴上，焦距是 16，$e=\dfrac{4}{3}$

5. 求以椭圆 $\dfrac{x^2}{8}+\dfrac{y^2}{5}=1$ 的焦点为顶点，而以椭圆的顶点为焦点的双曲线方程.

6. 等轴双曲线的一个焦点是 $F_1(-6,0)$，求它的标准方程和渐近线方程.

§3.6 抛物线

学习目标：
（1）掌握抛物线及其标准方程；（2）掌握抛物线简单的几何性质.

1. 抛物线的定义

我们已经知道，到一个定点的距离和一条定直线的距离的比为常数 e 的点的轨迹，当 $0<e<1$ 是椭圆，当 $e>1$ 时是双曲线. 那么，当 $e=1$ 时它是什么曲线呢？

把一根直尺固定在图板直线 l 的位置（见图 3-26）. 把一块三角尺的一条直角边紧靠着直尺的边缘，再把一条细绳的一端固定在三角尺的另一条直角边的一点 A，取绳长等于点 A 到直角顶点 C 的长（即点 A 到直线 l 的距离），并且把绳长的另一端固定在图板上的一点

F. 用铅笔尖扣着绳子，使点 A 到笔尖的一段绳子紧靠着三角尺，然后将三角尺沿着直尺上下滑动，笔尖就在图板上描出了一条曲线.

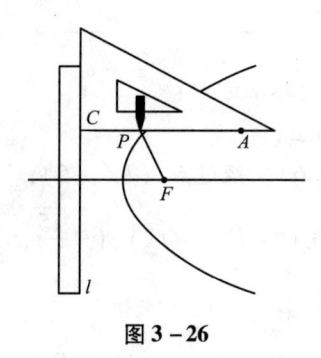

图 3-26

从图 3-26 中可以看出，这条曲线上任意一点 P 到 F 的距离与它到直线 l 的距离相等. 把图板绕点 F 旋转 $90°$，曲线就是初中见过的抛物线.

平面内与一个定点 F 和一条定直线 l 的距离相等的点的轨迹叫做**抛物线**. 点 F 叫做**抛物线的焦点**，直线 l 叫做**抛物线的准线**.

2. 抛物线的标准方程

如图 3-27 所示，建立直角坐标系 xOy，使 x 轴经过点 F 且垂直于直线 l，垂足为 K，并使原点与线段 KF 的中点重合.

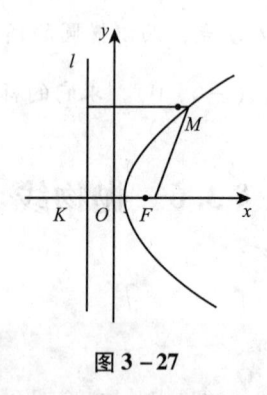

图 3-27

设 $|KF| = P(P>0)$，那么焦点 F 的坐标为 $(\frac{P}{2}, 0)$，准线 l 的方程为 $x = -\frac{P}{2}$.

设点 $M(x, y)$ 是抛物线上任意一点，点 M 到 l 的距离为 d，由抛物线的定义，抛物线就是集合 $P = \{M | |MF| = d\}$

$\because |MF| = \sqrt{(x-\frac{P}{2})^2 + y^2}$, $d = |x + \frac{P}{2}|$, $\therefore \sqrt{(x-\frac{P}{2})^2 + y^2} = |x + \frac{P}{2}|$

将上式两边平方并化简得：

$$y^2 = 2Px (P > 0) \tag{1}$$

方程（1）式叫做**抛物线的标准方程**. 它表示的抛物线的焦点在 x 轴的正半轴上, 焦点坐标是 $(\frac{P}{2}, 0)$, 它的准线方程是 $x = -\frac{P}{2}$.

注意: 一条抛物线, 由于它在坐标平面内的位置不同, 方程也不同, 所以抛物线的标准方程还有几种形式: $y^2 = -2Px, x^2 = 2Py, x^2 = -2Py$.

这四种抛物线的图形、标准方程、焦点坐标以及准线方程见表 3-1.

表 3-1

图　　形	标准方程	焦点坐标	准线方程
	$y^2 = 2Px(P>0)$	$(\frac{P}{2}, 0)$	$x = -\frac{P}{2}$
	$y^2 = -2Px(P>0)$	$(-\frac{P}{2}, 0)$	$x = \frac{P}{2}$
	$x^2 = 2Py(P>0)$	$(0, \frac{P}{2})$	$y = -\frac{P}{2}$
	$x^2 = -2Py(P>0)$	$(0, -\frac{P}{2})$	$y = \frac{P}{2}$

例 3-27 （1）已知抛物线的标准方程是 $y^2 = 6x$, 求它的焦点坐标和准线方程;
（2）已知抛物线的焦点坐标是 $F(0, -2)$, 求它的标准方程.

解: （1）∵ $P = 3$, ∴ 焦点坐标是 $(\frac{3}{2}, 0)$, 准线方程是 $x = -\frac{3}{2}$.

第 3 章　曲线方程及应用

(2) 因为焦点在 y 轴的负半轴上，并且 $\frac{P}{2}=2, P=4$，所以所求抛物线的标准方程是 $x^2=-8y$.

例 3 – 28 点 M 与点 $F(4,0)$ 的距离比它到直线 $l: x+5=0$ 的距离小 1，求点 M 的轨迹方程.

分析：由已知，点 M 属于集合 $P=\{M\mid |MF|+1=|x+5|\}$. 将 $|MF|$ 用点的坐标表示出来，化简后就可得到点 M 的轨迹方程. 但这种解法的化简过程比较烦琐.

仔细分析题目的条件，不难发现：首先，点 M 的横坐标 x 应满足 $x>-5$，即点 M 应在直线 l 的右边，否则点 M 到 F 的距离大于它到 l 的距离；其次，"点 M 与点 $F(4,0)$ 的距离比它到直线 $l: x+5=0$ 的距离小 l"，就是"点 M 与点 F 的距离等于它到直线 $x+4=0$ 的距离"，由此知点 M 的轨迹是以 F 为焦点，直线 $x+4=0$ 为准线的抛物线.

解：如图 3 – 28，设点 M 的坐标为 (x,y)，由已知条件可知，点 M 与点 F 的距离等于它到直线 $x+4=0$ 的距离. 根据抛物线定义，点 M 的轨迹是以点 $F(4,0)$ 为焦点的抛物线. $\because \frac{p}{2}=4, \therefore p=8$.

因为焦点在 x 轴的正半轴上，所以点 M 的轨迹方程为 $y^2=16x$.

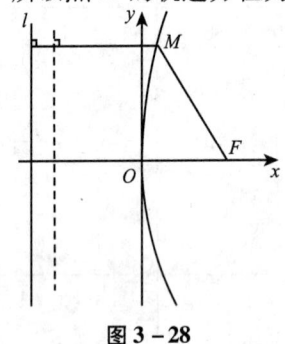

图 3 – 28

例 3 – 29 斜率为 1 的直线经过抛物线 $y^2=4x$ 的焦点，与抛物线相交于两点 A、B，求线段 AB 的长.

解：如图 3 – 29 所示，由抛物线的标准方程可知，抛物线焦点的坐标为 $F(1,0)$，所以直线 AB 的方程为：

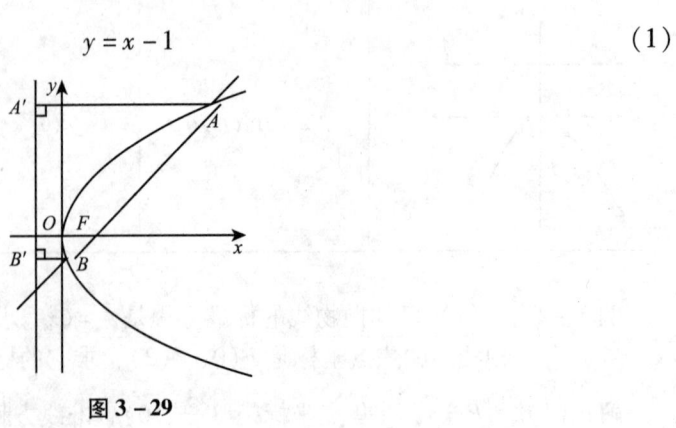

$$y=x-1 \tag{1}$$

图 3 – 29

将方程（1）式代入抛物线方程$y^2=4x$,得$(x-1)^2=4x$

化简得$x^2-6x+1=0$. 解这个方程，得$x_1=3+2\sqrt{2},x_2=3-2\sqrt{2}$

将x_1、x_2的值代入方程（1）式中，得$y_1=2+2\sqrt{2},y_2=2-2\sqrt{2}$

即A、B的坐标分别为$(3+2\sqrt{2},2+2\sqrt{2})$、$(3-2\sqrt{2},2-2\sqrt{2})$

$\therefore |AB|=\sqrt{(x_1-x_2)^2+(y_1-y_2)^2}=\sqrt{(4\sqrt{2})^2+(4\sqrt{2})^2}=8$

3. 抛物线的几何性质

我们根据抛物线的标准方程$y^2=2px(p>0)$来研究它的几何性质.

（1）范围.

因为$p>0$，由方程（1）式可知，这条抛物线上的点M的坐标(x,y)满足不等式$x\geq 0$，所以这条抛物线在y轴的右侧；当x的值增大时，$|y|$也增大，这说明抛物线向右上方和右下方无限延伸.

（2）对称性.

以$-y$代y，方程（1）式不变，所以这条抛物线关于x轴对称，我们把抛物线的对称轴叫做**抛物线的轴**.

（3）顶点.

抛物线和它的轴的交点叫做**抛物线**的顶点. 在方程（1）式中，当$y=0$时，$x=0$，因此抛物线（1）式的顶点就是坐标原点.

（4）离心率.

抛物线上的点M与焦点的距离和它到准线的距离的比，叫做抛物线的离心率，用e表示. 由抛物线的定义可知，$e=1$.

例3-30 已知抛物线关于x轴对称，它的顶点在原点，并且经过点$M(2,-2\sqrt{2})$，求它的标准方程，并用描点法画出图形.

解：因为抛物线关于x轴对称，它的顶点在原点，并且经过点$M(2,-2\sqrt{2})$，所以可设它的标准方程为$y^2=2px(p>0)$

因为点M在抛物线上，所以$(-2\sqrt{2})^2=2p\cdot 2$，即$P=2$

因此所求方程是$y^2=4x$

将已知方程变形为$y=\pm 2\sqrt{x}$，根据$y=2\sqrt{x}$计算抛物线在$x\geq 0$的范围内几个点的坐标，得到表3-2.

表3-2

x	0	1	2	3	4	…
y	0	2	2.8	3.5	4	…

描点画出抛物线的一部分，再利用对称性，就可以画出抛物线的另一部分（见图3-30）。

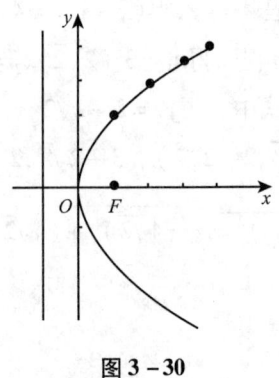

图 3-30

在本题的画图过程中，如果描出抛物线上更多的点，可以发现这条抛物线虽然也向右上方和右下方无限延伸，但并不能像双曲线那样无限地接近于某一直线，也就是说，**抛物线没有渐近线**.

在抛物线的标准方程 $y^2=2px(p>0)$ 中，令 $x=\dfrac{p}{2}$，则 $y=\pm p$. 这就是说，通过焦点而垂直于 x 轴的直线与抛物线两交点的坐标分别为 $\left(\dfrac{p}{2}, p\right)$，$\left(\dfrac{p}{2}, -p\right)$，连接这两点的线段叫做抛物线的**通径**，它的长为 $2P$. 这就是标准方程中 $2P$ 的几何意义（见图 3-31）.

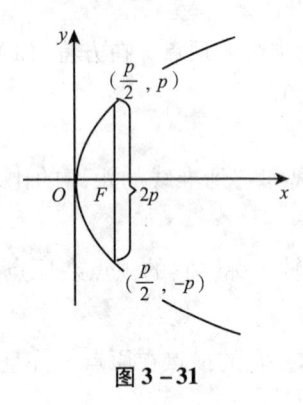

图 3-31

想一想

练习3.6

练一练

1. 填空

动点 M 与定点 F 的距离和它到定直线的距离的比等于 e，则：

当 $0<e<1$ 时，动点 M 的轨迹是（　　　　）；

当 $e=1$ 时，动点 M 的轨迹是（　　　　）；

当 $e>1$ 时，动点 M 的轨迹是（　　　　）.

2. 根据下列条件写出抛物线的标准方程：

（1）焦点是 $F(3,0)$；

(2) 准线方程是 $x = -\dfrac{1}{4}$；

(3) 焦点到准线的距离是 2；

(4) 顶点在原点，关于 x 轴对称，并且经过点 $M(5, -4)$；

(5) 焦点 $F(0, -8)$，准线是 $y = 8$.

3. 求下列抛物线的焦点坐标和准线方程：

(1) $y^2 = 20x$ (2) $x^2 = \dfrac{1}{2}y$ (3) $2y^2 + 5x = 0$ (4) $x^2 - 8y = 0$

4. 证明与抛物线的轴平行的直线和抛物线只有一个交点.

§3.7 曲线方程的应用

学习目标：
(1) 掌握曲线方程简单的综合应用；
(2) 会运用曲线方程的定义及性质解决简单的实际问题.

1. 曲线方程综合运用举例

例 3-31 如图 3-32 所示，圆 $x^2 + y^2 = 8$ 内有一点 $P_0(-1, 2)$，AB 为过点 P_0 且倾斜角为 α 的弦.

(1) 当 $\alpha = \dfrac{3\pi}{4}$ 时，求 AB 的长；(2) 当弦 AB 被点 P_0 平分时，写出直线 AB 的方程.

解：(1) 当 $\alpha = \dfrac{3\pi}{4}$ 时，直线 AB 的斜率为 $k = \tan\dfrac{3\pi}{4} = -1$.

直线 AB 的方程为 $y - 2 = -(x + 1)$

即：
$$y = -x + 1 \tag{1}$$

把（1）式代入 $x^2 + y^2 = 8$，得 $x^2 + (-x+1)^2 = 8$，即 $2x^2 - 2x - 7 = 0$，

解此方程得 $x = \dfrac{1 \pm \sqrt{15}}{2}$

所以，$|AB| = \dfrac{|x_1 - x_2|}{\cos\dfrac{\pi}{4}} = \sqrt{2}\,|x_1 - x_2| = \sqrt{2} \times \sqrt{15} = \sqrt{30}$

(2) 当弦 AB 被点 P_0 平分时，$OP_0 \perp AB$，直线 OP_0 的斜率为 -2，所以直线 AB 的斜率为 $\dfrac{1}{2}$，根据点斜式，直线 AB 的方程为 $y - 2 = \dfrac{1}{2}(x + 1)$，即 $x - 2y + 5 = 0$

例 3-32 求经过 $A(2, -1)$，和直线 $x + y = 1$ 相切，且圆心在直线 $y = -2x$ 上的圆的方程.

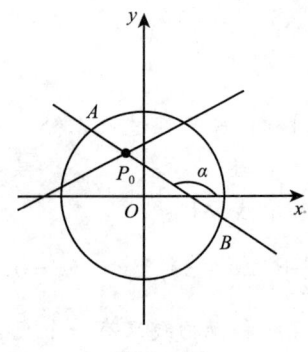

图 3-32

解：因为圆心在直线 $y=-2x$ 上，所以可设圆心坐标为 $(a, -2a)$，根据题意，

$$\sqrt{(a-2)^2+(-2a+1)^2}=\frac{|a-2a-1|}{\sqrt{2}}$$

所以 $(a-2)^2+(1-2a)^2=\frac{1}{2}(1+a)^2$

解这个方程，得 $a=1$

所以，圆心为 $(1, -2)$，半径为 $\sqrt{2}$，从而所求的圆的方程为 $(x-1)^2+(y+2)^2=2$，即 $x^2+y^2-2x+4y+3=0$

例 3-33 如图 3-32 所示，已知一个圆的圆心为坐标原点，半径为 2. 从这个圆上任意一点 P 向 x 轴作垂线段 PP'，求线段 PP' 中点 M 的轨迹.

解：设点 M 的坐标为 (x, y)，点 P 的坐标为 (x_0, y_0)，则 $x=x_0, y=\frac{y_0}{2}$

因为 $P(x_0, y_0)$ 在圆 $x^2+y^2=4$ 上，所以：

$$x_0^2+y_0^2=4 \qquad (1)$$

将 $x_0=x, y_0=2y$ 代入方程 (1) 式得 $x^2+4y^2=4$，即：$\frac{x^2}{4}+y^2=1$

所以点 M 的轨迹是一个椭圆（见图 3-33）.

例 3-34 如图 3-34 所示，直线 $y=x-2$ 与抛物线 $y^2=2x$ 相交于点 A、B，求证 $OA \perp OB$.

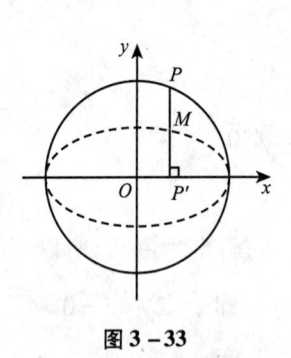

图 3-33

图 3-34

证法 1：将 $y = x - 2$ 代入 $y^2 = 2x$ 中，得 $(x-2)^2 = 2x$

化简得 $x^2 - 6x + 4 = 0$，解得 $x = 3 \pm \sqrt{5}$，

则 $y = 3 \pm \sqrt{5} - 2 = 1 \pm \sqrt{5}$

∴ $k_{OB} = \dfrac{1+\sqrt{5}}{3+\sqrt{5}}, k_{OA} = \dfrac{1-\sqrt{5}}{3-\sqrt{5}}$

∴ $k_{OB} \cdot k_{OA} = \dfrac{1+\sqrt{5}}{3+\sqrt{5}} \times \dfrac{1-\sqrt{5}}{3-\sqrt{5}} = \dfrac{1-5}{9-5} = -1.$

∴ $OA \perp OB$

证法 2：同证法 1 得方程

$$x^2 - 6x + 4 = 0 \qquad (1)$$

由一元二次方程根与系数的关系，可知 $x_1 + x_2 = 6, x_1 \cdot x_2 = 4$

∵ $y_1 = x_1 - 2, y_2 = x_2 - 2$

∴ $y_1 \cdot y_2 = (x_1 - 2)(x_2 - 2) = x_1 \cdot x_2 - 2(x_1 + x_2) + 4 = 4 - 12 + 4 = -4$

∴ $k_{OA} \cdot k_{OB} = \dfrac{y_1}{x_1} \cdot \dfrac{y_2}{x_2} = \dfrac{y_1 y_2}{x_1 x_2} = \dfrac{-4}{4} = -1$

∴ $OA \perp OB$

2. 用曲线方程的定义及性质解决简单的实际问题

例 3 – 35 图 3 – 35 是某圆拱桥的一孔圆拱的示意图，该圆拱跨度 $AB = 20\mathrm{m}$，拱高 $OP = 4\mathrm{m}$，在建造时每隔 4m 需用一个支柱支撑，求支柱 A_2P_2 的长度（精确到 0.01m）.

解：建立坐标系如图 3 – 35 中所示，圆心在 y 轴上. 设圆心的坐标是 $(0, b)$，圆的半径是 r，那么圆的方程是 $x^2 + (y-b)^2 = r^2$. 下面用待定系数法确定 b 和 r 的值.

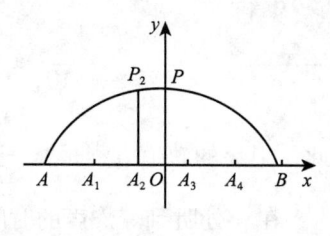

图 3 – 35

因为 P、B 都在圆上，所以它们的坐标 $(0, 4)$、$(10, 0)$ 都是这个圆的方程的解，于是得到方程组

$$\begin{cases} 0^2 + (4-b)^2 = r^2 \\ 10^2 + (0-b)^2 = r^2 \end{cases}$$

解得 $b = -10.5, r^2 = 14.5^2$

所以这个圆的方程是 $x^2 + (y+10.5)^2 = 14.5^2$

把点 P_2 的横坐标 $x = -2$ 代入这个圆的方程，得：$(-2)^2 + (y+10.5)^2 = 14.5^2$，即：$y + 10.5 = \sqrt{14.5^2 - (-2)^2}$

（因为 P_2 的纵坐标 $y > 0$，所以方根取正值），于是 $y = \sqrt{14.5^2 - (-2)^2} - 10.5 \approx 14.36 - 10.5 = 3.86(m)$

答：支柱 A_2P_2 的长度约为 3.86m.

例 3 – 36 如图 3 – 36 所示，我国发射的第一颗人造卫星的运行轨道是以地心（地球的中心）F_2 为一个焦点. 已知它的近地点 A（离地面最近的点）距地面 439km，远地点 B（离地面最远的点）距地面 2 384km，并且 F_2、A、B 在同一直线上，地球半径约为 6 371km. 求卫星运行的轨道方程（精确到 1km）.

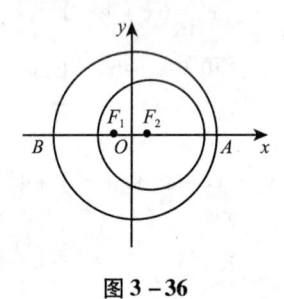

图 3 – 36

解：如图 3 – 36 所示，建立直角坐标系，使点 A、B、F_2 在 x 轴上，F_2 为椭圆的右焦点（记 F_1 为左焦点）. 因为椭圆的焦点在 x 轴上，所以设它的标准方程为：

$$\frac{x^2}{a^2} + \frac{y^2}{b^2} = 1 (a > b > 0)$$

则 $a - c = |OA| - |OF_2| = |F_2A| = 6\,371 + 439 = 6\,810$

$a + c = |OB| + |OF_2| = |F_2B| = 6\,371 + 2\,384 = 8\,755$

解得 $a = 7\,782.5, c = 972.5$

$\therefore b = \sqrt{a^2 - c^2} = \sqrt{(a+c)(a-c)} = \sqrt{8\,755 \times 6\,810}$

用计算器求得 $b \approx 7\,722$，因此，卫星的轨道方程是 $\dfrac{x^2}{7\,783^2} + \dfrac{y^2}{7\,722^2} = 1$

例 3 – 37 一炮弹在某处爆炸，在 A 处听到爆炸声的时间比在 B 处晚 2s.

（1）爆炸点应在什么样的曲线上？

（2）已知 A、B 两地相距 800m，并且此时声速为 340m/s，求曲线的方程.

解：（1）由声速及 A、B 两处听到爆炸声的时间差，可知 A、B 两处与爆炸声的距离的差，因此爆炸点应位于以 A、B 为焦点的双曲线上. 因为爆炸点离 A 处比离 B 处更远，所以爆炸点应在靠近 B 处的一支上.

（2）如图 3 – 37 建立直角坐标系 xOy，使 A、B 两点在 x 轴上，并且点 O 与线段 AB 的

中点重合．设爆炸点 P 的坐标为 (x, y)，则 $|PA| - |PB| = 340 \times 2 = 680$，即 $6a = 680$，$a = 340$.

又 $|AB| = 800, \therefore 2c = 800, c = 400, \quad b^2 = c^2 - a^2 = 44\,400$

$\because |PA| - |PB| = 680 > 0, \quad \therefore x > 0$

所求双曲线的方程为：$\dfrac{x^2}{115\,600} - \dfrac{y^2}{44\,400} = 1 (x > 0)$

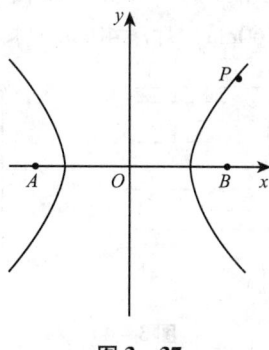

图 3-37

例 3-37 说明，利用两个不同的观测点测得同一炮弹爆炸声的时间差，可以确定爆炸点所在的双曲线的方程，但不能确定爆炸点的准确位置．如果再增设一个观测点 C，利用 B、C（或 A、C）两处测得的爆炸声的时间差，可以求出另一个双曲线的方程，解这两个方程组成的方程组，就能确定爆炸点的准确位置．

1. 点 M 与两条互相垂直的直线的距离的积是常数 k $(k > 0)$，求点 M 的轨迹方程．

2. △ABC 的顶点 B、C 的坐标分别是 $(0, 0)$ 和 $(4, 0)$，AB 边上中线的长为 3，求顶点 A 的轨迹方程．

3. 两根杆分别绕着定点 A 和 $B (AB = 2a)$ 在平面内转动，并且转动时两杆保持相互垂直，求杆的交点 P 的轨迹（见图 3-38）．

4. 赵州桥的跨度是 37.4 m，圆拱高约为 7.2 m，求这座圆拱桥的拱圆的方程（见图 3-39）．

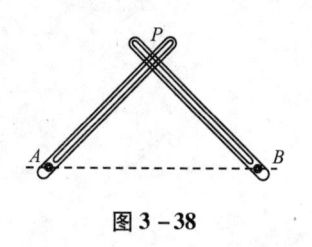

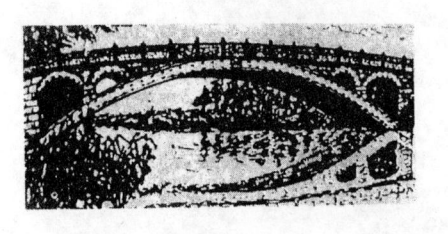

图 3-38

图 3-39

5. 求经过两圆 $x^2 + y^2 + 6x - 4 = 0$ 和 $x^2 + y^2 + 6y - 28 = 0$ 的交点，并且圆心在直线 $x - y - 4 = 0$ 上的圆的方程.

6. 点 P 是椭圆 $\dfrac{x^2}{5} + \dfrac{y^2}{4} = 1$ 上一点，以点 P 以及焦点 F_1、F_2 为顶点的三角形的面积等于 1，求点 P 的坐标.

7. 在相距 1 400m 的 A、B 两哨所，听到炮弹爆炸声的时间相差 3s，且声速是 340m/s，求炮弹爆炸点的轨迹方程.

8. 探照灯反射镜的轴截面是抛物线的一部分（如图 3-40（a）所示），光源位于抛物线的焦点处. 已知灯口圆的直径为 60cm，灯深 40cm，求抛物线的标准方程和焦点的位置.

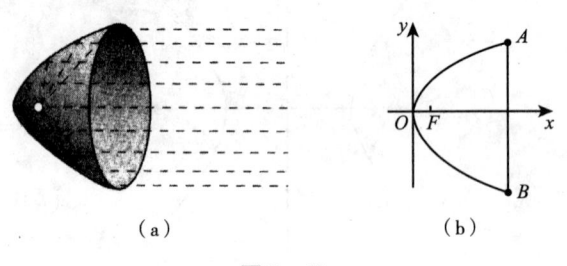

（a）　　　　（b）

图 3-40

本章知识系统结构图

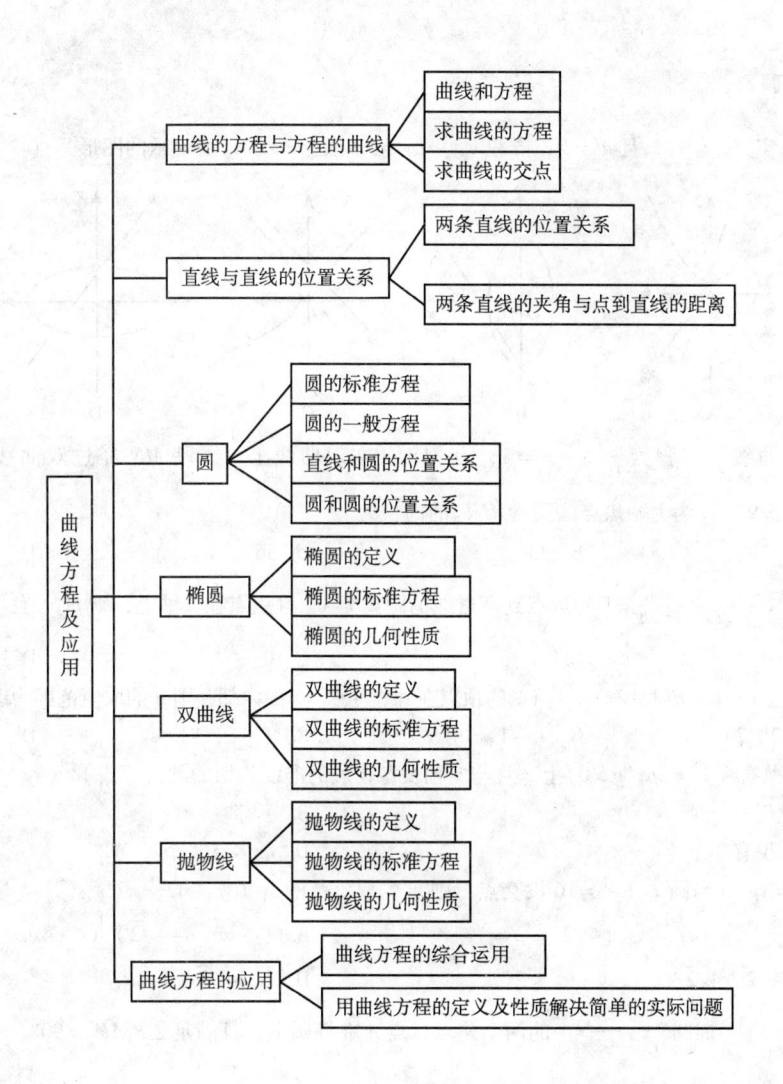

```
                                    ┌── 曲线和方程
                 ┌─ 曲线的方程与方程的曲线 ─┼── 求曲线的方程
                 │                  └── 求曲线的交点
                 │
                 │                  ┌── 两条直线的位置关系
                 ├─ 直线与直线的位置关系 ─┤
                 │                  └── 两条直线的夹角与点到直线的距离
                 │
                 │         ┌── 圆的标准方程
                 │         ├── 圆的一般方程
                 ├─ 圆 ────┤
                 │         ├── 直线和圆的位置关系
                 │         └── 圆和圆的位置关系
  曲线            │
  方程    ────────┤         ┌── 椭圆的定义
  及             ├─ 椭圆 ───┼── 椭圆的标准方程
  应             │         └── 椭圆的几何性质
  用             │
                 │         ┌── 双曲线的定义
                 ├─ 双曲线 ─┼── 双曲线的标准方程
                 │         └── 双曲线的几何性质
                 │
                 │         ┌── 抛物线的定义
                 ├─ 抛物线 ─┼── 抛物线的标准方程
                 │         └── 抛物线的几何性质
                 │
                 │                ┌── 曲线方程的综合运用
                 └─ 曲线方程的应用 ─┤
                                  └── 用曲线方程的定义及性质解决简单的实际问题
```

第 3 章 曲线方程及应用

复习题

一、选择题

1. a、b 为实数，$a \neq b$，且 $ab \neq 0$，方程 $bx^2 + ay^2 = ab$ 及 $y = ax + b$ 所表示的图形是（　　）.

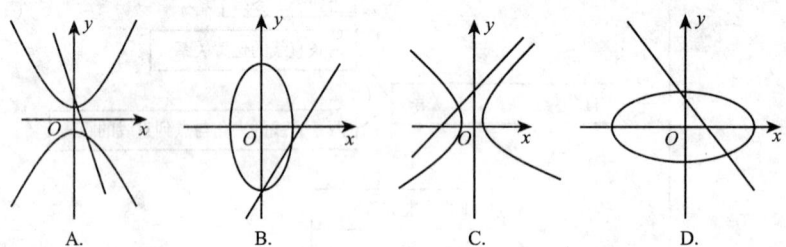

   A.　　　　　B.　　　　　C.　　　　　D.

2. 已知双曲线的方程为 $\dfrac{x^2}{16} - \dfrac{y^2}{9} = 1$，点 M、N 在双曲线上，线段 MN 经过双曲线的左焦点 F_1，$|MN| = 9$，F_2 为另一焦点，则 $\triangle MNF_2$ 的周长为（　　）.

   A. 34　　　　B. 33　　　　C. 36　　　　D. 38

3. 若双曲线 $\dfrac{x^2}{m-4} - \dfrac{y^2}{m+4} = 1$ 的焦点到渐近线的距离为 4，且焦点在 x 轴上，则 $m =$（　　）.

   A. 6　　　　B. 8　　　　C. 10　　　　D. 12

4. 若抛物线 $y = x^2 + a(1-2x) + a^2 + 1$ 的顶点在圆 $x^2 + y^2 = 5$ 的内部，则 a 的取值范围为区间（　　）.

   A.（-2, 2）　　B.（-1, 1）　　C.（-2, 1）　　D.（-1, 2）

5. 圆心在抛物线 $y^2 = 2px(p>0)$ 上，且与 x 轴及抛物线的准线相切的圆（　　）.

   A. 有且仅有一个　　　　　　B. 不存在
   C. 有且仅有两个　　　　　　D. 最多有 4 个

6. 直线 $y = x - m$ 与圆 $x^2 + y^2 = 16$ 没交点，则 m 的取值范围是（　　）.

   A.（$-\infty$，$-4\sqrt{2}$] $\cup$ [$4\sqrt{2}$，$+\infty$)　　B.（$-\infty$，$-4\sqrt{2}$）$\cup$（$4\sqrt{2}$，$+\infty$）
   C.（$-4\sqrt{2}$，$4\sqrt{2}$）　　　　　　　　D. [$-4\sqrt{2}$，$4\sqrt{2}$]

7. 设 F_1 和 F_2 为椭圆 $\dfrac{x^2}{16} + \dfrac{y^2}{9} = 1$ 的两个焦点，点 A 在椭圆上，且满足 $\angle F_1AF_2 = 90°$，则 $\triangle F_1AF_2$ 的面积等于（　　）.

   A. 9　　　　B. 18　　　　C. 20　　　　D. 12

8. 抛物线 $y^2 = -4x$ 与圆 $(x-2)^2 + y^2 = 16$ 的交点的个数是（　　）.

   A. 0　　　　B. 1　　　　C. 2　　　　D. 3

9. 已知点 A（1, 3），B（3, -5），线段 AB 的垂直平分线的方程是（　　）.

   A. $4y + x - 6 = 0$　　　　　B. $x - 4y + 6 = 0$
   C. $x - 4y - 6 = 0$　　　　　D. $x + 4y + 6 = 0$

10. 方程 $x^2 - 4x + 1 = 0$ 的两个根可分别作为（　　）.

    A. 一椭圆和一双曲线的离心率　　　　B. 两抛物线的离心率
    C. 一椭圆和一抛物线的离心率　　　　D. 两椭圆的离心率

11. 直线 $x\cos\alpha + y\sin\alpha + a = 0$ 和直线 $x\sin\alpha - y\cos\alpha + 6 = 0$ 的位置关系是（　　）．
    A. 平行
    B. 垂直
    C. 相交但不垂直
    D. 无法确定，与 α、a、b 取值有关

12. 若直线 $ax + by + c = 0$ 过第一、二、三象限，则（　　）．
    A. $ab > 0, bc > 0$
    B. $ab > 0, bc < 0$
    C. $ab < 0, bc > 0$
    D. $ab < 0, bc < 0$

13. 若点 $(4, a)$ 到直线 $4x - 3y = 1$ 的距离不大于 3，则 a 的取值范围是（　　）．
    A. $[0, 10]$
    B. $(0, 10)$
    C. $[\frac{1}{3}, \frac{3}{13}]$
    D. $(-\infty, 0] \cup [10, +\infty)$

14. 曲线 $\frac{x^2}{25} + \frac{y^2}{9} = 1$ 与曲线 $\frac{x^2}{25-k} + \frac{y^2}{9-k} = 1 (k < 9)$ 的（　　）．
    A. 长、短轴相等
    B. 焦距相等
    C. 离心率相等
    D. 准线相同

15. 直线 $(2m^2 + m - 3)x + (m^2 - m)y - (4m - 1) = 0$，当 $m = ($　　$)$ 时，直线在 x 轴上的截距等于 1．
    A. -2 或 $\frac{1}{2}$
    B. 2 或 $-\frac{1}{2}$
    C. -2 或 $\frac{1}{2}$
    D. 2 或 $\frac{1}{2}$

二、填空题

1. 一个正三角形有两个顶点在抛物线 $y^2 = 2px$ 上，另一个顶点在坐标原点，这个正三角形的边长是_____．
2. 已知直线 $6x - 4y + 5 = 0$ 与直线 $kx + 2y - 6 = 0$ 平行，则 $k = $_____．
3. 直线 $x + y + 2 = 0$ 与直线 $x - y = 0$ 的夹角是_____．
4. 点 $(-1, 4)$ 到直线 $3x - 2y - 6 = 0$ 的距离为_____．
5. 已知直线 $x + 2y - 1 = 0$ 与直线 $ax + y + 1 = 0$ 垂直，则 $a = $_____．
6. 已知 A、B 为抛物线 $y^2 = 3x$ 上的两点，O 为顶点，$OA \perp OB$，当点 A 的坐标为 $(2, \sqrt{6})$ 时，AB 的长是_____．
7. 在 xOy 平面上，如果将直线 l 先沿 x 轴负向平移 3 个单位长度，再沿 y 轴正向平移 5 个单位长度，所得的直线刚好与 l 重合，那么 l 的斜率是_____．
8. 已知直线 $3x + 2y - 6 = 0$ 和直线 $6x + 4y - 3 = 0$ 平行，那么这两条平行直线间的距离等于_____．
9. 已知直线 $l: y = -2x + 6$ 和点 $A(1, -1)$，过点 A 作直线 l_1 与直线 l 相交于 B 点，$|AB| = 5$，则直线 l_1 的方程为_____．
10. 已知点 M 与 y 轴的距离和点 M 与点 $F(4, 0)$ 的距离相等，求点 M 的轨迹方程_____．

三、解答题

1. 已知直线 l 与直线 $2x - y + 1 = 0$ 平行，且经过点 $(2, 3)$，求直线 l 的方程．
2. 求过点 $(1, -4)$ 且与直线 $3x + 2y - 3 = 0$ 平行的直线方程．
3. 原点到直线 $y = kx + 2$ 的距离为 $\sqrt{2}$，求 k 的值．
4. 两条平行直线 $l_1: 3x + 4y - 2 = 0$ 和 $l_2: 6x + 8y - 7 = 0$ 的距离是多少？
5. 已知椭圆的两焦点的坐标为 $F_1(-1, 0), F_2(1, 0)$，点 P 在椭圆上，$|PF_1|$、$|F_1F_2|$、$|F_2P|$ 成等差数列，求椭圆的标准方程．

6. 设直线 $y = 2x + b$ 与抛物线 $y^2 = 4x$ 交于 A、B 两点，已知弦 $|AB| = 3\sqrt{5}$，点 P 为抛物线上一点；$\triangle PAB$ 的面积为 30，求点 P 的坐标．见图 3 – 41．

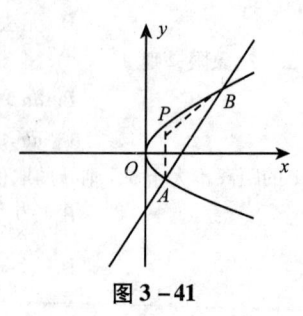

图 3 – 41

7. 设 F_1、F_2 分别为椭圆 $C: \dfrac{x^2}{a^2} + \dfrac{y^2}{b^2} = 1 (a > b > 0)$ 的左右两个焦点：

（1）若椭圆 C 上的点 $A\left(1, \dfrac{3}{2}\right)$ 到 F_1、F_2 两点的距离之和等于 4，写出椭圆 C 的方程和焦点坐标．

（2）设点 K 是（1）中所得椭圆上的动点，求线段 F_1K 的中点的轨迹方程．

8. 已知三角形的顶点 $A(-1, 2)$，$B(4, 3)$，$C(-2, 5)$ 求 $\triangle ABC$ 的面积．

读一读

圆锥曲线的光学性质及其应用

一只很小的灯泡发出的光，会分散地射向各方，但把它装在手电筒的反光杯里，经过适当调节，就能射出一束比较强的平行光线，这是为什么呢？

原来手电筒内，在小灯泡后面有一个反光镜，镜面的形状是一个由抛物线绕它的轴旋转所得到的曲面（见图3-42），叫做抛物面。人们已经证明，抛物线有一条重要性质：从焦点发出的光线，经过抛物线上的一点反射后，反射光线平行于抛物线的轴。探照灯（见图3-43）也是利用这个原理设计的.

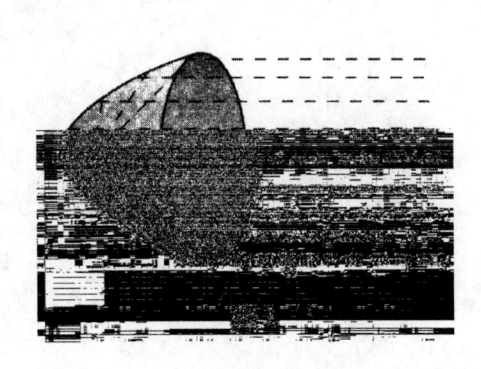

图 3-42    图 3-43

应用抛物线的这个性质，也可以使一束平行于抛物线的轴的光线，经过抛物面的反射集中于它的焦点。人们应用这个原理设计了一种加热水和食物的太阳灶（见图3-44）。在这种太阳灶上装有一个旋转抛物面形的反光镜，当它的轴与太阳光线平行时，太阳光线经过反射后集中于焦点处，这一点的温度就会很高.

椭圆和双曲线的光学性质与抛物线不同。从椭圆的一个焦点发出的光线，经过椭圆反射后，反射光线交于椭圆的另一个焦点上（见图3-45）；从双曲线的一个焦点发出的光线，经过双曲线反射后，反射光线是散开的，它们就好像是从另一个焦点射出的一样（见图3-46）.

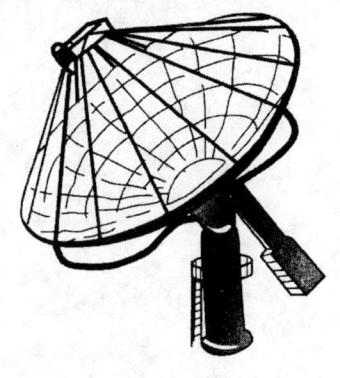

图 3-44 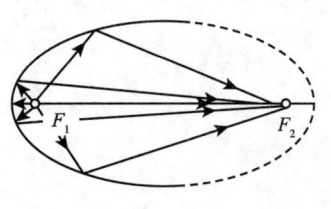   图 3-45

如图 3-47 所示,电影放映机的聚光灯有一个反射镜,它的形状是旋转椭圆面。为了使片门(电影胶片通过的地方)处获得最强的光线,灯丝 F_2 与片门 F_1 应位于椭圆的两个焦点处,这就是利用椭圆光学性质的一个实例.

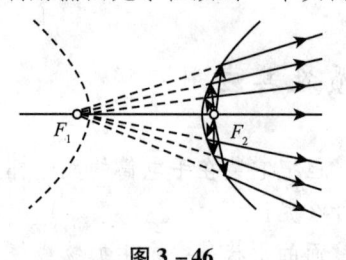

图 3-46　　　　　　　　　图 3-47

第4章 数列及应用

> 许多同学都知道这样一个故事：大数学家高斯在很小的时候，就利用巧妙的算法迅速计算出从1～100这100个自然数的总和．大家在佩服赞叹之余，有没有仔细想一想，高斯为什么算得快呢？当然，小高斯的聪明和善于观察是不必说了，往深处想，最基本的原因却是这100个数及其排列的方法本身具有极强的规律性——每项都比它前面的一项大1，即它们构成了差相等的数列，而这种数列有极简便的求和方法．研究数列问题很有趣味，它对我们学会寻求规律、提高探究能力，大有帮助．
>
> 我们再来看这样一个问题：有两个销售业务经理，分别负责江南和江北两个地区的服装销售业务．2013年1月，两个经理的销售业绩都是12万元，甲经理计划从2月起销售额每月增长3万元，而乙经理计划从2月起销售额每月比上月增长15%．问：到了年底12月结算时，谁的全年总销售额较高？今、明两年的总销售额谁的较高？
>
> 这个问题粗略一想不容易回答，但用数列的知识很容易解决．

§4.1 数列的概念

学习目标：
(1) 理解数列的定义；(2) 会根据数列的通项公式求某一项的值；
(3) 会根据数列的前几项求数列的通项公式．

观察下面几列数：

(1) 2, 4, 6, 8, …

(2) $\dfrac{1}{2}, \dfrac{1}{3}, \dfrac{1}{4}, \dfrac{1}{5}$

(3) $-1, 1, -1, 1, \cdots$

(4) 2, 2, 2, 2, …

以上4列数都是按一定次序排列的一列数．

按一定次序排列的一列数，叫做**数列**．各项依次叫做这个数列的第1项，第2项，…，第n项．项数有限的数列叫**有穷数列**，项数无限的数列叫**无穷数列**．

例如，上面的数列（2）是有穷数列，数列（1）、（3）、（4）是无穷数列.

数列的一般形式可以写成：$a_1, a_2, a_3, \cdots, a_n, \cdots$. 其中 a_n 表示数列的第 n 项，并且整个数列可以记作 $\{a_n\}$.

用项数 n 来表示该数列相应项的公式，叫做数列的**通项公式**.

例如，数列（1）的通项公式是：$a_n = 2n$　　　（$n \in N_+$）

数列（2）的通项公式是：$a_n = \dfrac{1}{n+1}$　　（$n \in N_+$ 且 $1 \leq n \leq 4$）

数列（3）的通项公式是：$a_n = (-1)^n$　　（$n \in N_+$）

数列（4）的通项公式是：$a_n = 2$　　（$n \in N_+$）

对于"正负数交替出现"的数列，在通项公式中"正负数交替出现"这一特征可以用 $(-1)^n$ 或 $(-1)^{n+1}$ 体现出来. 例如，数列 $-6, 6, -6, 6, \cdots$，它的通项公式是：$a_n = (-1)^n \times 6$（$n \in N_+$）

数列 $\dfrac{1}{2}, -\dfrac{1}{4}, \dfrac{1}{6}, -\dfrac{1}{8}, \cdots$，它的通项公式是：$a_n = (-1)^{n+1} \times \dfrac{1}{2n}$（$n \in N_+$）

已知一个数列的通项公式，只要依次用自然数 **1，2，3，**…去代替公式中的 **n**，即可求出该数列的各项.

例 4-1　根据通项公式，求出下面数列 $\{a_n\}$ 的前 4 项.

（1）$a_n = n(n+2)$　　　（2）$a_n = \dfrac{n}{n+1}$

解：（1）在通项公式中依次取 n = 1, 2, 3, 4，得到数列的前 4 项：$a_1 = 3, a_2 = 8, a_3 = 15, a_4 = 24$.

（2）在通项公式中依次取 n = 1, 2, 3, 4，得到数列的前 4 项：$a_1 = \dfrac{1}{2}, a_2 = \dfrac{2}{3}, a_3 = \dfrac{3}{4}, a_4 = \dfrac{4}{5}$.

例 4-2　写出下列数列的一个通项公式.

（1）$1, \sqrt[3]{2}, \sqrt[3]{3}, \sqrt[3]{4}, \cdots$　　　　（2）$2, 4, 8, 16, 32, \cdots$

（3）$-\dfrac{1}{1 \times 2}, \dfrac{1}{2 \times 3}, -\dfrac{1}{3 \times 4}, \dfrac{1}{4 \times 5}, \cdots$　　（4）$\dfrac{2^2-1}{2}, \dfrac{3^2-1}{-3}, \dfrac{4^2-1}{4}, \dfrac{5^2-1}{-5}, \cdots$

解：（1）数列中的第 1 项 1 可以看做 $\sqrt[3]{1}$，可见其每一项都是其项数的 3 次方根，所以它的一个通项公式是：$a_n = \sqrt[3]{n}$（$n \in N_+$）

（2）数列的前 5 项可以表示成：$2^1, 2^2, 2^3, 2^4, 2^5$，所以它的一个通项公式是：$a_n = 2^n$（$n \in N_+$）

（3）数列奇数项为负，偶数项为正，正负交互出现，所以它的一个通项公式是：$a_n = (-1)^n \dfrac{1}{n \cdot (n+1)}$（$n \in N_+$）

（4）数列奇数项为正，偶数项为负，负正交互出现，所以它的一个通项公式是：$a_n = (-1)^{n+1} \dfrac{(n+1)^2 - 1}{n+1}$（$n \in N_+$）

1. 请指出下列数列中哪些是有穷数列，哪些是无穷数列．

(1) $\dfrac{1}{2}, \dfrac{3}{4}, \dfrac{5}{6}, \dfrac{7}{8}, \cdots$

(2) 5，-5，5，-5，…

(3) 10，9，8，7，6

(4) 0.6，0.66，0.666，0.6666，…

2. 根据通项公式，求出下面数列 $\{a_n\}$ 的前4项．

(1) $a_n = n(n+1)(n+2)$

(2) $a_n = \dfrac{n^2}{n \cdot (n+1)}$

3. 按每一数列的规律，用适当的数填空：

(1) 1，3，（ ），7，9，11，（ ）

(2) （ ），-4，9，-16，（ ），-36，49

(3) $-\dfrac{1}{2}, \dfrac{1}{4}, -\dfrac{1}{8}, ( ), -\dfrac{1}{32}, \cdots$

(4) 1.4，1.41，1.414，（ ），1.41414

4. 写出练习3中数列（1）、（2）、（3）的一个通项公式．

5. 写出下面每个数列的一个通项公式，并求前5项的和

(1) 3，6，9，12，…

(2) 0，3，8，15，…

(3) $\dfrac{1}{3}, \dfrac{2}{5}, \dfrac{3}{7}, \dfrac{4}{9}, \cdots$

(4) 9，99，999，9 999，…

§4.2　等差数列

4.2.1　等差数列的定义与通项公式

学习目标：
（1）理解等差数列的定义；（2）理解并掌握等差数列的通项公式；
（3）理解并掌握等差数列的性质．

1. 等差数列的定义

观察数列：

(1) 2，4，6，8，…

(2) 5，15，25，35，…

发现，数列（1）有这样的特点：从第2项起，每一项与它的前一项的差都等于2；数列（2）有这样的特点：从第2项起，每一项与它的前一项的差都等于10．

由此，我们得到定义：如果一个数列从它的第 2 项起，每一项与它前一项的差都等于同一个常数，则这个数列就叫做**等差数列**．这个常数叫做**公差**，记为 d，即 $d = a_{n+1} - a_n (n \in N_+)$．

等差数列的一般形式为：$a_1, a_1 + d, a_1 + 2d, a_1 + 3d, \cdots$

在等差数列中，若公差 $d = 0$，则此数列为**常数列**，如数列 2，2，2，2，$\cdots$

若公差 $d > 0$，则此数列为**递增数列**，如数列 2，8，14，20，$\cdots$

若公差 $d < 0$，则此数列为**递减数列**，如数列 10，8，6，4，$\cdots$

2. 等差数列的通项公式

如果数列：$a_1, a_2, \cdots, a_n, \cdots$ 是等差数列，它的公差是 d，那么：

$a_1 = a_1 + 0 \cdot d$

$a_2 = a_1 + d = a_1 + 1 \cdot d$

$a_3 = a_2 + d = a_1 + 2d$

$a_4 = a_3 + d = a_1 + 3d$

$\cdots$

由此可知，$a_n = a_1 + (n-1)d$ ($n \in N_+$)（其中 a_1 是第 1 项，n 是项数，d 是公差．）

等差数列的通项公式： $a_n = a_1 + (n-1)d$ ($n \in N_+$)

例 4-3 求等差数列 2，9，16，$\cdots$ 的通项公式及它的第 4 项、第 10 项．

解：因为 $a_1 = 2, d = 9 - 2 = 7$，所以这个等差数列的通项公式是：

$$a_n = a_1 + (n-1)d = 2 + (n-1) \times 7$$

所以 $a_4 = 2 + (4-1) \times 7 = 23$

$a_{10} = 2 + (10-1) \times 7 = 65$

例 4-4 等差数列 3，8，13，$\cdots$ 的第几项是 48？

解：因为等差数列中 $a_1 = 3, d = 8 - 3 = 5, a_n = 48$

所以 $48 = 3 + (n-1) \times 5$

解得 $n = 10$，即此等差数列的第 10 项是 48．

3. 等差中项

例 4-5 若在 2 与 10 中插入一个数 A，使 2，A，10 成等差数列，则 A 等于多少？

解：依题意：$A - 2 = 10 - A$

解得 $A = 6$．

一般地，如果在数 a 与 b 之间插入一个数 A，使 a，A，b 成等差数列，那么 A 就叫做 a 与 b 的**等差中项**．如例 3 中的 6 叫做 2 与 10 的等差中项．根据定义可知：$A - a = b - A$，所以：

$$A = \frac{a+b}{2}$$

这个公式叫做**等差中项公式**.

若三个数构成一个等差数列，则这三个数依次可设为：$a-d, a, a+d$

例 4-6 求 4 和 -18 的等差中项.

解：由等差中项公式，得：

$$A = \frac{4+(-18)}{2} = -7$$

即 4 和 -18 的等差中项是 -7.

例 4-7 已知三个数成等差数列，且它们的和为 12，积为 48，求这三个数.

解：设这三个数为：$a-d, a, a+d$，依题意得：

$$\begin{cases} (a-d) + d + (a+d) = 12 & (1) \\ (a-d) \cdot d \cdot (a+d) = 48 & (2) \end{cases}$$

解方程组得 $a=4, d=2$ 或 -2

所以，当 $d=2$ 时，这三个数依次为：2，4，6；当 $d=-2$ 时，这三个数依次为：6，4，2.

4. 等差数列的性质

(1) 在一个等差数列中，a_m 是 a_{m-p} 与 a_{m+p} 的等差中项，即 $a_m = \frac{a_{m-p} + a_{m+p}}{2}$ 其中 $p, m, n \in N_+$. 例如在等差数列 $\{a_n\}$ 中：

a_5 是 a_2 与 a_8 的等差中项，即有：$a_5 = \frac{a_2 + a_8}{2}$

a_8 是 a_3 与 a_{13} 的等差中项，即有：$a_8 = \frac{a_3 + a_{13}}{2}$

(2) 在一个等差数列中，若项数 m, n, p, q 满足 $m+n = p+q$，则有 $a_m + a_n = a_p + a_q$. 例如：

在等差数列 2，4，6，8，10，12，14，16，18，…中，$a_2 + a_5 = a_3 + a_4 = 14$.

特殊地，若 $m+n = 2p$，则也有 $a_m + a_n = 2a_p$，例如在以上等差数列中，$a_2 + a_6 = 2a_4 = 16$.

(3) 在一个有穷等差数列中，与首末两端距离相等的两项之和相等，并等于首末两项之和；若等差数列的项数为奇数，还等于中间项的 2 倍. 例如：

在等差数列 1，3，5，7，9，11，13，15，17，19，21 中，$a_2 + a_{10} = a_3 + a_9 = a_4 + a_8 = a_5 + a_7 = a_1 + a_{11} = 2a_6 = 22$.

(4) 在一个等差数列中，每隔相同的项抽出来的项按照原来的顺序排列，构成一个新的等差数列. 例如：

在等差数列 $a_1, a_2, a_3, \cdots, a_n, \cdots$ 中，$a_2, a_6, a_{10}, a_{14}, a_{18}, \cdots$ 也构成等差数列.

例 4-8 在等差数列 $\{a_n\}$ 中，已知 $a_2 + a_8 = 20$，求 $a_4 + a_6$.

解：因为项数 $2+8 = 4+6$

所以在等差数列中，$a_4 + a_6 = a_2 + a_8 = 20$

想一想

练习4.2.1

练一练

1. 下面的数列中，哪些是等差数列？若是，请指出公差；若不是，则说明理由.
   (1) 6，10，14，18，22，…
   (2) 1，2，1，2，3，4，5，6
   (3) 1，2，4，8，16，32，64，…
   (4) 9，8，7，6，5，4，3，2
   (5) 3，3，3，3，3，3，3，…
   (6) 1，0，1，0，1，0，1，0

2. 求等差数列1，7，13，19，…的通项公式及第20项.

3. 已知等差数列2，5，8，11，14…，问47是其中第几项？

4. 求下列两组数的等差中项.
   (1) 6与22；   (2) $a-b$ 与 $a+b$

5. 如果一等差数列的第4项为21，第6项为33，求它的第8项.

6. 已知三个数列成等差数列，它们的和为9，积为15，求这三个数.

7. 在等差数列 $\{a_n\}$ 中，已知 $a_3 + a_{20} = 36$，求 $a_6 + a_{17}$.

8. 在等差数列 $\{a_n\}$ 中，已知 $a_5 + a_{17} = 18$，求 a_{10}.

4.2.2　等差数列的前 n 项和公式

学习目标：
(1) 理解并掌握等差数列的前 n 项和公式；
(2) 会灵活运用等差数列的前 n 项和公式求解相关问题.

设数列 $\{a_n\}: a_1, a_2, a_3, \dots, a_n, \dots$ 的前 n 项之和记做 S_n，则 $S_n = a_1 + a_2 + a_3 + \dots + a_n$.

例如：$S_5 = a_1 + a_2 + a_3 + a_4 + a_5$

$S_{15} = a_1 + a_2 + a_3 + \dots + a_{15}$

例4-9　求下面数列的前5项的和 S_5.
(1) 2，4，6，8，10，…
(2) 9，7，5，3，1，…

解：(1) $S_5 = 2 + 4 + 6 + 8 + 10 = 30$
(2) $S_5 = 9 + 7 + 5 + 3 + 1 = 25$.

等差数列 $a_1, a_2, \dots, a_n, \dots$ 的前 n 项和公式的推导：

$$S_n = a_1 + a_2 + a_3 + \dots + a_n$$
$$S_n = a_1 + (a_1 + d) + \dots + [a_1 + (n-1)d] \tag{1}$$

若把各项次序反过来，则可以写成：

$$S_n = a_n + a_{n-1} + a_{n-2} + \dots + a_1$$
$$S_n = a_n + (a_n - d) + (a_n - 2d) + \dots + [a_n - (n-1)d] \tag{2}$$

财经应用数学拓展模块

把上面（1）式、（2）式相加得：
$$2S_n = n(a_1 + a_n)$$
所以有 $S_n = \dfrac{(a_1 + a_n)n}{2}$

等差数列前 *n* 项和公式：$S_n = \dfrac{(a_1 + a_n)n}{2}$

若把 $a_n = a_1 + (n-1)d$ 代入上式，得：
$$S_n = na_1 + \dfrac{n(n-1)}{2}d$$

例 4-10 在等差数列 $\{a_n\}$ 中，
(1) $a_1 = 3, a_n = 63, n = 8$，求 S_n；
(2) $a_1 = -12, d = 2, n = 10$，求 S_n；
(3) $a_1 = 10, a_n = -37, S_n = -54$，求 n。

解：(1) 根据公式：$S_n = \dfrac{(a_1 + a_n)n}{2}$

所以 $S_8 = \dfrac{(a_1 + a_8)}{2} = \dfrac{(3+63) \times 8}{2} = 264$

(2) 根据公式：$S_n = na_1 + \dfrac{n(n-1)}{2}d$

所以 $S_{10} = 10 \times (-12) + \dfrac{10 \times (10-1)}{2} \times 2 = -30$

(3) 把 $a_1 = 10, a_n = -37, S_n = -54$ 代入公式 $S_n = \dfrac{(a_1 + a_n)n}{2}$

得 $-54 = \dfrac{[10 + (-37)]n}{2}$

解得 $n = 4$

例 4-11 在等差数列 $\{a_n\}$ 中，$a_6 + a_{15} = 25$，求 S_{20}。

解：因为 $S_{20} = \dfrac{(a_1 + a_{20}) \cdot 20}{2}$

又知 等差数列 $\{a_n\}$ 中，$a_1 + a_{20} = a_6 + a_{15} = 25$

所以 $S_{20} = \dfrac{25 \times 20}{2} = 250$

例 4-12 在等差数列 $\{a_n\}$ 中，已知 $a_3 + a_4 + \cdots + a_8 = 60$，求 S_{10}。

解：因为 $a_3 + a_8 = a_4 + a_7 = a_5 + a_6$

则 $a_3 + a_8 = 60 \div 3 = 20$

又知 $a_1 + a_{10} = a_3 + a_8 = 20$

所以，根据公式 $S_{10} = \dfrac{(a_1 + a_{10}) \cdot 10}{2}$ 得

$$S_{10} = \dfrac{20 \times 10}{2} = 100$$

练习4.2.2

1. 计算 $1+5+9+13+17+\cdots+2005$.
2. 在等差数列 $\{a_n\}$ 中,
   (1) $a_1=2, a_n=56, n=10$,求 S_n;
   (2) $a_1=100, d=-2, n=50$,求 S_n;
   (3) $a_1=3, d=2, S_n=35$,求 n.
3. 求从1到2000的自然数中,所有偶数之和与所有奇数之和的差.
4. 若连续三个自然数的和为36,则在它后面的连续三个自然数之和是多少?
5. 在等差数列 $\{a_n\}$ 中,已知 $a_3+a_{18}=20$,求 S_{20}.

习题4.2

1. 已知等差数列的第1项是4,第5项是28,求它的通项公式与第3项.
2. 已知等差数列的第3项是16,第7项是-4,求它的通项公式与第6项.
3. 求下列各组数的等差中项:
   (1) 32与46   (2) -22与6
4. 在等差数列 $\{a_n\}$ 中,
   (1) $a_1=8, a_5=14$,求 S_5;
   (2) $a_1=4, d=-3$,求 S_{20};
   (3) $d=3, a_n=60, n=15$,求 a_1 与 S_n;
   (4) $a_8=-3, d=-3$,求 a_1 与 S_8.
5. 在等差数列中,$S_{100}=256$, $d=1$,求 $a_1+a_3+a_5+\cdots+a_{99}$ 的值.
6. 求正整数数列中前200个偶数的和.

§4.3 等比数列

4.3.1 等比数列的定义与通项公式

学习目标:
(1) 理解等比数列的定义;(2) 理解并掌握等比数列的通项公式;
(3) 理解并掌握等比数列的性质.

1. 等比数列的定义

观察下面数列的特点,用适当的数填空:
(1) 1, 2, 4, 8 _____, 32, …

(2) $1, \frac{1}{3}, \frac{1}{9}, \frac{1}{27}, \underline{\quad}, \frac{1}{243}, \cdots$

(3) $5, 5, 5, 5, \underline{\quad}, 5, \cdots$

大家通过仔细观察，会发现上面的每一个数列都有一个共同特点：从第2项起每一项与它的前面一项的比都等于同一个非零常数. 如：（1）中的比值等于2；（2）中的比值等于$\frac{1}{3}$；（3）中的比值等于1.

由此，我们得出等比数列的定义：如果一个数列从第2项起，每一项与它的前一项的比都等于同一个非零常数，这个数列就叫做**等比数列**，这个常数叫做**公比**，记为q，即$q = \frac{a_{n+1}}{a_n}$ $(n \in N_+)$.

等比数列中，各项正负（负正）交替出现时，公比$q < 0$. 例如：等比数列2，-4，8，-16，…的公比$q = -2$.

等比数列的一般形式为：$a_1, a_1q, a_1q^2, a_1q^3, \cdots$

在等比数列中，若公比$q = 1$，则此数列为**常数列**，如数列5，5，5，5，…

若公比$a_1 > 0, q > 1$或$a_1 < 0, 0 < q < 1$，则此数列为**递增数列**，如数列1，2，4，8，…

若公比$a_1 > 0, 0 < q < 1$或$a_1 < 0, q > 1$，则此数列为**递减数列**，如数列$1, \frac{1}{3}, \frac{1}{9}, \frac{1}{27}, \cdots$

2. 等比数列的通项公式

如果数列：$a_1, a_2, a_3, \cdots, a_n, \cdots$ 是等比数列，它的公比是q，那么：

$a_1 = a_1 q^0$

$a_2 = a_1 q = a_1 q^1$，

$a_3 = a_2 q = a_1 q^2$

$a_4 = a_3 q = a_1 q^3$

…

由此可知，$a_n = a_1 q^{n-1}$ $(n \in N_+)$（其中a_1是第1项，n是项数，q是公比）

等比数列的通项公式：$a_n = a_1 q^{n-1}$ $(q \neq 0)$

例4-13 一个等比数列的第3项与第4项分别是12和18，求a_1和a_2.

解：根据等比数列的通项公式$a_n = a_1 q^{n-1}$，得：

$$\begin{cases} a_1 q^2 = 12 & (1) \\ a_1 q^3 = 18 & (2) \end{cases}$$

解方程组，得$a_1 = \frac{16}{3}, q = \frac{3}{2}$

$\therefore a_2 = a_1 q = \frac{16}{3} \times \frac{3}{2} = 8$

即这个数列的$a_1 = \frac{16}{3}, a_2 = 8$.

例 4-14 在等比数列 $\{a_n\}$ 中，已知 $a_1 = -36, a_n = \dfrac{32}{3}, q = -\dfrac{2}{3}$，求 n．

解：根据等比数列通项公式 $a_n = a_1 q^{n-1}$，得：

$$\dfrac{32}{3} = (-36) \cdot \left(-\dfrac{2}{3}\right)^{n-1}$$

$$\left(-\dfrac{2}{3}\right)^{n-1} = -\dfrac{8}{27} = \left(-\dfrac{2}{3}\right)^3$$

则 $n - 1 = 3$

即 $n = 4$

3. 等比中项

一般地，如果在数 a 与 b 之间插入一个数 G，使 a, G, b 成等比数列，那么 G 叫做 a 与 b 的**等比中项**．

根据定义可知，$\dfrac{G}{a} = \dfrac{b}{G}$，所以：

$$G = \pm\sqrt{ab} \quad (ab > 0)$$

这个公式叫做**等比中项公式**．

若三个数构成一个等比数列，则这三个数依次可设为：$\dfrac{a}{q}, a, aq$．

例 4-15 已知 $4, G, 64$ 这三个数构成等比数列，求 G．

解：依题意可知 G 是 4 和 64 的等比中项，根据等比中项公式 $G = \pm\sqrt{ab}$，得：

$$G = \pm\sqrt{4 \times 64} = \pm 16．$$

例 4-16 已知三个正数成等比数列，且它们的积为 8，首末两数之和为 5，求这三个数．

解：设这三个数为：$\dfrac{a}{q}, a, aq$，依题意得：

$$\begin{cases} \dfrac{a}{q} \cdot a \cdot aq = 8 & (1) \\ \dfrac{a}{q} + aq = 5 & (2) \end{cases}$$

解方程组得 $a = 2, q = 2$ 或 $\dfrac{1}{2}$

所以，当 $q = 2$ 时，这三个数依次为：$1, 2, 4$；当 $q = \dfrac{1}{2}$ 时，这三个数依次为：$4, 2, 1$．

4. 等比数列的性质

（1）在一个等比数列中，a_m 是 a_{m-p} 与 a_{m+p} 的等比中项，其中 $p, m, n \in N_+$．例如在等差

数列 $\{a_n\}$ 中：

a_5 是 a_2 与 a_8 的等比中项，即有：$a_5 = \sqrt{a_2 \cdot a_8}$ 或 $-\sqrt{a_2 \cdot a_8}$

a_8 是 a_3 与 a_{13} 的等比中项，即有：$a_8 = \sqrt{a_3 \cdot a_{13}}$ 或 $-\sqrt{a_3 \cdot a_{13}}$

（2）在一个等比数列中，若项数 m, n, p, q 满足 $m + n = p + q$，则有 $a_m \cdot a_n = a_p \cdot a_q$. 例如：

在等比数列 1，2，4，8，16，32，…中，$a_2 \cdot a_5 = a_3 \cdot a_4 = 32$

特殊地，若 $m + n = 2p$，则也有 $a_m \cdot a_n = a_p^2$，例如在以上等比数列中，$a_2 \cdot a_6 = a_4^2 = 64$.

（3）在一个有穷等比数列中，与首末两端距离相等的两项之积相等，并等于首末两项之积；若等比数列的项数为奇数，还等于中间项的平方. 例如：

在等比数列 1，3，9，27，81，243，729 中，$a_2 \cdot a_6 = a_3 \cdot a_5 = a_1 \cdot a_7 = a_4^2 = 729$

（4）在一个等比数列中，每隔相同的项抽出来的项按照原来的顺序排列，构成一个新的等比数列. 例如：

在等比数列 $a_1, a_2, a_3, \cdots, a_n, \cdots$ 中，$a_1, a_4, a_7, a_{10}, a_{13}, \cdots$ 也构成等比数列.

（5）在一个等比数列中，每连续 m 项之和（积）构成的数列仍然是等比数列. 例如：
在等比数列 $a_1, a_2, a_3, \cdots, a_n, \cdots$ 中，$a_1 + a_2, a_3 + a_4, a_5 + a_6, \cdots$ 仍然构成等比数列.
同样，$a_1 a_2, a_3 a_4, a_5 a_6, \cdots$ 也仍然构成等比数列.

例 4 - 17 在等比数列 $\{a_n\}$ 中，已知 $a_3 \cdot a_7 = 18$，求 $a_4 \cdot a_6$.

解： 因为项数 $3 + 7 = 4 + 6$

所以在等比数列中，$a_4 \cdot a_6 = a_3 \cdot a_7 = 18$

例 4 - 18 在等比数列 $\{a_n\}$ 中，已知 $a_2 \cdot a_3 = 8, a_4 \cdot a_5 = 128$，求 $a_6 \cdot a_7$.

解： 因为在等比数列 $\{a_n\}$ 中，$a_2 a_3, a_4 a_5, a_6 a_7$ 仍然构成等比数列，

所以 $(a_4 \cdot a_5)^2 = (a_2 \cdot a_3)(a_6 \cdot a_7)$，则：

$a_6 \cdot a_7 = \dfrac{(a_4 \cdot a_5)^2}{a_2 \cdot a_3} = \dfrac{128^2}{8} = 2\,048$

---

1. 下面的数列中，哪些是等比数列？若是，请指出公比；若不是，则说明理由.

（1）1，4，16，64，256，…

（2）-2，4，-8，16，-32，…

（3）0，1，2，4，8，…

（4）3，3，3，3，3，3，3，3

（5）$1, \dfrac{1}{2}, \dfrac{1}{3}, \dfrac{1}{4}, \cdots$

（6）-1，1，-1，1，…

2. 根据下列条件，求相应的等比数列 $\{a_n\}$ 的未知数：

（1）$q = -3, a_4 = 27$，求 a_1；

（2）$a_2 = 10, a_3 = 20$，求 a_1 和 a_4；

(3) $a_1 = \dfrac{1}{2}, a_n = 256, q = 2$，求 n；

(4) $a_1 = 8, q = \dfrac{1}{2}, n = 5$，求 a_n；

3. 求下列两组数的等比中项.
   (1) 3 与 27 (2) -4 与 -128

4. 在 3 与 81 之间插入 2 个数 a 与 b，使这四个数成等比数列，求 a 与 b.

5. 在等比数列中，已知 $a_2 \cdot a_{13} = 40$，求 $a_5 \cdot a_{10}$.

6. 在等比数列 $\{a_n\}$ 中，已知 $a_3 \cdot a_{21} = 48$，求 a_{12}.

7. 在等比数列 $\{a_n\}$ 中，已知 $a_1 + a_2 + a_3 = 4, a_4 + a_5 + a_6 = 12$，求 $a_7 + a_8 + a_9$.

4.3.2 等比数列的前 n 项和公式

学习目标：
（1）理解并记住等比数列的前 n 项和公式；（2）会灵活运用等比数列的前 n 项和公式求解相关问题.

设等比数列 $a_1, a_2, a_3, \cdots, a_n, \cdots$ 的前 n 项的和为 S_n，则 $S_n = a_1 + a_2 + a_3 + \cdots + a_n$.
等比数列 $a_1, a_2, a_3, \cdots, a_n, \cdots$ 的前 n 项和公式的推导：

$$S_n = a_1 + a_2 + a_3 + \cdots + a_n \tag{1}$$

根据等比数列的通项公式，（1）式可写成：

$$S_n = a_1 + a_1 q + \cdots + a_1 q^{n-2} + a_1 q^{n-1} \tag{2}$$

（2）式乘以 q 得：

$$q S_n = a_1 q + a_1 q^2 + \cdots + a_1 q^{n-1} + a_1 q^n \tag{3}$$

（2）式 - （3）式得：

$$S_n - q S_n = a_1 - a_1 q^n$$

若 $q \neq 1$ 时，则 $S_n = \dfrac{a_1(1-q^n)}{1-q}$ 或 $S_n = \dfrac{a_1 - a_n q}{1-q}$

若 $q = 1$ 时，则该等比数列是常数列，即 $S_n = n a_1$

等比数列的前 n 项和公式：

1）当 $q \neq 1$ 时，$S_n = \dfrac{a_1(1-q^n)}{1-q}$ 或 $S_n = \dfrac{a_1 - a_n q}{1-q}$ （$q \neq 1$）

2）当 $q = 1$ 时，$S_n = n a_1$ （$q = 1$）

例 4-19 求等比数列 $\{a_n\}$ 中，

(1) $a_1 = \dfrac{1}{2}, q = \dfrac{1}{2}$，求 S_8；

(2) $a_1 = -\dfrac{3}{2}, a_4 = 96$，求 q 和 S_4；

(3) $a_6 = 192, a_8 = 768$，求 a_1, q 和 S_{10}.

解：(1) 因为 $a_1 = \dfrac{1}{2}, q = \dfrac{1}{2}, n = 8$，

所以 $S_8 = \dfrac{\dfrac{1}{2}\left[1-\left(\dfrac{1}{2}\right)^8\right]}{1-\dfrac{1}{2}} = \dfrac{255}{256}$

(2) 因为 $a_4 = a_1 \cdot q^3$

所以 $96 = -\dfrac{3}{2} \cdot q^3$

解得 $q = -4$

根据 $S_n = \dfrac{a_1 - a_n q}{1-q}$

所以 $S_4 = \dfrac{-\dfrac{3}{2} - 96 \cdot (-4)}{1-(-4)} = 76.5$

(3) 因为 $\begin{cases} a_6 = a_1 \cdot q^5 = 192 \\ a_8 = a_1 \cdot q^7 = 768 \end{cases}$

所以 $q^2 = \dfrac{768}{192} = 4$

即 $\begin{cases} q = 2 \\ a_1 = 6 \end{cases}$ 或 $\begin{cases} q = -2 \\ a_1 = -6 \end{cases}$

根据 $S_n = \dfrac{a_1(1-q^n)}{1-q}$

当 $q = 2, a_1 = 6$ 时，$S_{10} = \dfrac{6(1-2^{10})}{1-2} = 6\,138$

当 $q = -2, a_1 = -6$ 时，$S_{10} = \dfrac{-6[1-(-2)^{10}]}{1-(-2)} = 2\,046$

---

1. 求数列 $1, -3, 9, -27, \cdots$ 的前 10 项和．
2. 在等比数列 $\{a_n\}$ 中，
(1) $a_1 = 2, q = 3, n = 4$，求 S_n．
(2) $a_1 = 36, a_5 = \dfrac{9}{4}$，求 q 和 S_5．
(3) $a_1 = 1, q = 3$，求第 6 项至第 12 项的和．

1. 已知等比数列的第 1 项是 3，第 4 项是 81，求它的通项公式与第 5 项．
2. 已知等比数列的第 3 项是 16，第 4 项是 -32，求它的通项公式与第 6 项．
3. 在 9 与 243 之间插入 2 个数 a 与 b，使这 4 个数成等比数

列，求 a 与 b.

4. 求下列各组数的等比中项.
   (1) 4 与 16　　　(2) 9 与 81
5. 已知三个数成等比数列，它们的和为 21，积为 64，求这三个数.
6. 在等比数列 $\{a_n\}$ 中，
   (1) $a_1 = 4, q = -3$，求 S_6.
   (2) $a_2 = 8, a_{10} = 64$，求 q 和 S_{10}.
7. 已知等比数列中，$a_1 + a_2 + a_3 + a_4 + a_5 = 5, a_6 + a_7 + a_8 + a_9 + a_{10} = 160$，求公比 q.
8. 已知等比数列中，$a_1 = 1, q = 2$，求第 5 项至第 10 项的和.

§4.4　数列的应用

4.4.1　等差数列的应用

学习目标：
会灵活运用等差数列的知识求解简单的实际问题.

在数学发展的早期已有许多人研究过数列这一课题，特别是等差数列. 例如早在公元前 2 700 年以前埃及数学的《莱因特纸草书》中，就记载着相关的问题. 在巴比伦晚期的《泥板文书》中，也有按级递减分物的等差数列问题. 其中有一个问题大意是：10 个兄弟分 100 两银子，长兄最多，依次减少相同数目. 现知第八兄弟分得 6 两，问相邻两兄弟相差多少？数列是从生活中抽象出来的，日常生活中遇到的许多实际问题都可以用等差数列来解决.

例 4 – 20　某公司连续 5 年的纯利润成等差数列. 已知该公司第 1 年的纯利润是 80 万元，第 5 年的纯利润是 140 万元，求该公司这 5 年总的纯利润.

解： 依题意，该等差数列中，$a_1 = 80$（万元），$a_5 = 140$（万元）

根据 $S_n = \dfrac{(a_1 + a_n)n}{2}$

有 $S_5 = \dfrac{(a_1 + a_5) \cdot 5}{2} = \dfrac{(80 + 140) \times 5}{2} = 550$（万元）

所以，该公司这 5 年总的纯利润为 550 万元.

例 4 – 21　建筑工地有一批砖，叠成如下图形状，自上而下，最上层两块砖，第 2 层 6 块砖，第 3 层 10 块砖…，依次每层都比其上面一层多 4 块砖，已知最下层 2 106 块砖，问中间一层有多少块砖？这堆砖共有多少块？

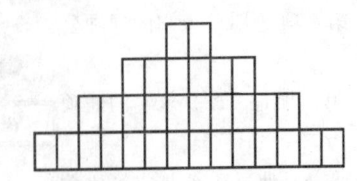

解：如果我们把每层砖的块数依次记下来，2，6，10，14，⋯ 容易知道，这是一个等差数列．

$a_1 = 2$，$d = 4$，$a_n = 2106$，由 $a_n = a_1 + (n-1)d$ 得：

$$n = \frac{a_n - a_1}{d} + 1 = 527$$

则中间一项为 $a_{264} = a_1 + (264 - 1) \times 4 = 1054$

这堆砖共有：$S_n = \frac{(a_1 + a_n) \cdot n}{2} = \frac{(2 + 2106) \times 527}{2} = 555458$（块）

答：中间一层有 1054 块砖，这堆砖共有 555458 块．

例 4 - 22 把 27 枚棋子放到 7 个不同的空盒中，如果要求每个盒子都不空，且任意两个盒子里的棋子数目都不一样多，问能否办到．若能，写出具体方案，若不能，说明理由．

解：因为每个盒子都不空，所以盒子中至少有一枚棋子；同时，任两盒中棋子数不一样，所以 7 个盒中总共有的棋子数至少为 $1+2+3+4+5+6+7=28$．但题目中只给了 27 枚棋子，所以，题中要求不能办到．

---

1. 小李是某企业员工，现时工资为年薪 3 万元，现该企业决定逐年提高员工工资，计划以后每年各员工的年薪比前一年增加 3000 元，问：5 年后小李的年薪是多少？几年后小李的工资可以翻一番（即年薪 6 万元）？

2. 安装在一根公共轴上的 5 个皮带轮的直径成等差数列，且最大和最小的皮带轮的直径分别是 216mm 与 120mm，求中间三个皮带轮的直径．

3. 某企业 2008 年的出口总额为 800 万元，计划以后每年的出口总额比前一年多 50 万元，求：2015 年的出口总额？2008～2015 年出口总额的总和是多少？

4. 某林场计划第一年造林 5 公顷，以后每一年比前一年多造林 3 公顷，问 20 年后林场共造林多少公顷？

4.4.2 等比数列的应用

学习目标：
会灵活运用等比数列的知识求解简单的实际问题．

在日常生活和经济生产、科学研究中，经常会遇到等比数列，下面举例说明它们的应用．

例 4 - 23 某工厂第一年的生产总值是 200 万元，改革后每年比上一年增产 15%，问：第几年能实现生产总值翻一番？

解：依题意，该工厂每年的生产总值（万元）排列成：

200，200（1＋15%），200（1＋15%）²，200（1＋15%）³，…

这是一个等比数列，$a_1 = 200$，$q = 1+15\%$，设第 n 年该厂能实现生产总值翻一番，即 $a_n = 400$

根据通项公式：$a_n = a_1 q^{n-1}$，得：

$400 = 200(1+15\%)^n$

解得 $n ≈ 4.92$

答：第 5 年该厂能实现生产总值翻一番．

例 4－24 某工厂有一台价值 30 万元的机器，在生产过程中，每年的固定资产折旧率是 10%，问 5 年后这台机器的固定资产净值是多少？

解：依题意，该机器每年的固定资产净值（万元）为：

$30(1-10\%)$，$30(1-10\%)^2$，$30(1-10\%)^3$，…

这是一个等比数列，其中，$a_1 = 30(1-10\%)$，$q = 1-10\%$

根据通项公式：$a_n = a_1 q^{n-1}$，得：

$a_5 = 30(1-10\%) \cdot (1-10\%)^{5-1} = 17.7147$

答：5 年后这台机器的固定资产净值是 17.7147 万元．

例 4－25 某厂制定的五年发展规划的第 1 年上缴利税 640 万元，以后每年增加 25%，问这个厂 5 年共上缴利税多少万元？

解：这个厂 5 年中，每年上缴的利税数组成一个等比数列，其中 $a_1 = 640$，$q = 1+25\% = 1.25$，$n = 5$

所以 $S_5 = \dfrac{a_1(1-q^5)}{1-q} = \dfrac{640 \times (1-1.25^5)}{1-1.25} = 5\,252.5$（万元）

答：这个厂 5 年共上缴利税 5 252.5 万元．

练习4.4.2 想一想 练一练

1. 设 1980 年底我国人口有 10 亿，如果我国人口每年比上年平均递增 2%，那么到 2000 年底我国人口将达到多少亿？

2. 某人订购一套 350 000 元的房子，首期付 30%，余款实行分期付款，即签订合同后每年付款一次，共付 10 年，10 年后付清，若按年利率 6% 复利计算，问每年此人应付款多少元？

3. 计算机的价格不断下降，一款 2007 年 1 月价格为 10 000 元的计算机，以后每月的价格都降低 1/10，小明想以 7 000 元之内的价格买进这款计算机，问他最快要到几月才能实现？

4. 某工厂产品外销，2013 年外汇收入 250 万元，计划以后逐年增加外汇收入 10%，求 2013～2017 年 5 年期间的计划外汇总收入．

习题4.4

1. 某林场计划第 1 年造林 80 公顷，以后每一年比前一年多造林 3 公顷，问该林场第 5 年造林多少公顷？

2. 某公司连续 10 年的纯利润成等差数列，已知该公司第 1 年的纯利润是 10 万元，第 5 年的纯利润是 42 万元，求该公司这 10 年总的纯利润．

3. 某影剧院计划建造 1 484 个座位，第 1 排有 26 个座位，以后每排比前一排多 2 个座位，问该影剧院一共要建多少排座位？

4. 某种细菌在繁殖过程中，每 30 分钟分裂一次（一个分裂为两个），经过 4 小时，这种细菌可繁殖多少个？

5. 某工厂出口产品，2008 年出口金额为 200 万元，计划在 2008～2012 年这 5 年里，每年增加出口金额 20%，求这 5 年期间总的出口金额．

6. 某家庭计划用 10 年时间储蓄 30 万元购买房子，为此每年需存入银行等额的专款，年息 4%，按复利计算，求每年应存入银行多少元？

本章知识系统结构图

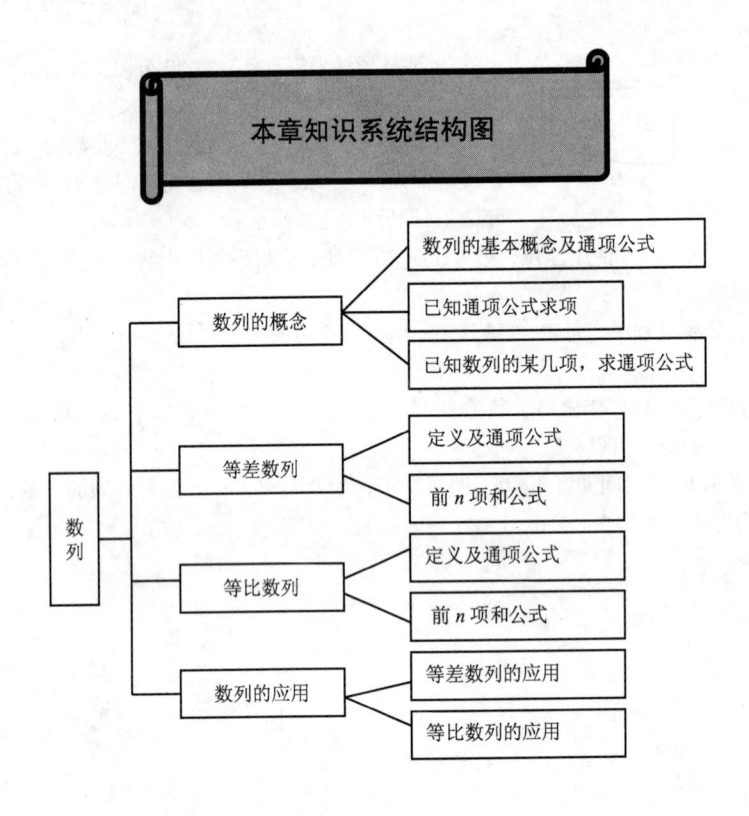

```
                    ┌── 数列的基本概念及通项公式
         ┌─数列的概念─┼── 已知通项公式求项
         │          └── 已知数列的某几项，求通项公式
         │
         │          ┌── 定义及通项公式
         ├─等差数列─┤
         │          └── 前 n 项和公式
 数列 ───┤
         │          ┌── 定义及通项公式
         ├─等比数列─┤
         │          └── 前 n 项和公式
         │
         │          ┌── 等差数列的应用
         └─数列的应用┤
                    └── 等比数列的应用
```

复习题

一、选择题

1. 数列 $\{a_n\}$ 的通项公式是 $a_n = -5n + 1$，则其第 5 项是（　　）.
   A. 26　　B. -30　　C. -24　　D. -26

2. 数列 $\{a_n\}$ 的前 4 项是 $\frac{1}{2}, \frac{1}{4}, \frac{1}{8}, \frac{1}{16}$，则其通项公式是（　　）.
   A. $\frac{1}{2n}$　　B. $\frac{1}{2^n}$　　C. $\frac{1}{n+2}$　　D. $\frac{1}{n^2}$

3. 11 与 33 的等差中项是（　　）.
   A. 11　　B. 22　　C. 33　　D. 44

4. 已知数列 $\{a_n\}$ 是等比数列，$a_1 = 3, q = 2$，则 $a_6 = $（　　）.
   A. 96　　B. 192　　C. 13　　D. 15

5. 已知数列 $\{a_n\}$ 是等差数列，$d = \frac{1}{2}$，$a_4 = 1$，则 $a_1 = $（　　）.
   A. $\frac{1}{2}$　　B. $-\frac{1}{2}$　　C. 8　　D. $\frac{3}{2}$

6. 请填入两数，使 $\frac{1}{4}$，____，1，2，____，使这 5 个数成为等比数列的是（　　）.
   A. $\frac{5}{4}, 3$　　B. $\frac{1}{2}, 4$　　C. $\frac{1}{2}, 3$　　D. $\frac{5}{4}, 4$

7. 等比数列 $-3, -\frac{3}{2}, -\frac{3}{4}, \cdots$ 的第四项是（　　）.
   A. $-\frac{3}{5}$　　B. $-\frac{3}{6}$　　C. $-\frac{3}{7}$　　D. $-\frac{3}{8}$

8. 16 与 4 的等比中项是（　　）.
   A. 8　　B. -8　　C. 8 或 -8　　D. 6 或 -6

9. 等比数列 $\frac{1}{27}, \frac{1}{9}, \frac{1}{3}, \cdots$ 的公比是（　　）.
   A. 3　　B. $\frac{1}{3}$　　C. $\frac{1}{9}$　　D. 9

10. 30 是数列 3，6，9，12，… 的第（　　）项.
    A. 7　　B. 8　　C. 9　　D. 10

二、填空题

1. 观察下面数列的特点，用适当的数填空：
   (1) 2, 4, (　　), 8, 10, (　　); (2) 1, 3, (　　), 7, 9, (　　);

2. 已知某数列 $\{a_n\}$ 的通项公式为：$a_n = n(n+1)$，则 $a_6 = $ _____，$a_8 = $ _____.

3. 已知某数列 $\{a_n\}$ 的通项公式为：$a_n = \frac{1}{n^2}$，则 $a_6 = $ _____，$a_8 = $ _____.

4. 数列：2，-2，2，-2，2，…的通项公式为：_____.

5. 数列：$1, \frac{1}{2}, \frac{1}{3}, \frac{1}{4}$，…的通项公式为：_____.

6. 在等差数列 $\{a_n\}$ 中，$a_2 = 2$，则 $a_1 + a_3 =$ _____.

7. 在等比数列 $\{a_n\}$ 中，$a_5 = 3$，则 $a_3 a_7 =$ _____.

8. 数列：5，5，5，5，…，看作等差数列，那么它的公差 $d =$ _____；看作等比数列，那么它的公比 $q =$ _____.

9. 已知某数列 $\{a_n\}$ 是递减数列，则 d _____ 0.（填">"或"<"）

10. 等比数列 $\{a_n\}$ 中，$S_{10} - S_9 =$ _____.

三、解答题

1. 求等差数列 3，7，11，…的公差 d，通项公式 a_n 和第 6 项.

2. 已知在等差数列 $\{a_n\}$ 中，$a_1 = 100$，$d = -2$，求通项公式 a_n 以及 S_{10}.

3. 已知在等差数列 $\{a_n\}$ 中，$a_6 = 32$，$d = -2$，求 a_1, a_n, s_4.

4. 求等比数列 3，6，12，…的公比 q，通项公式 a_n 与第 6 项.

5. 已知在等比数列 $\{a_n\}$ 中，$a_1 = 3$，$q = 2$，求 a_n 和 S_4.

四、应用题

1. 一个大剧院，设置了 30 排座位，第一排有 38 个座位，往后每一排都比前一排多 2 个座位，这个大剧院一共设置了多少个座位？

2. 一个工厂 2012 年生产某种机器 1 080 台，计划后年把产量提高到每年生产 1 920 台，如果每一年比上一年增长的百分率相同，这个百分率是多少？

读一读

级数趣谈
—— 从 "$1+2+3+\cdots+n$" 谈起

在建筑工地上堆积了许多圆木条,从侧面看去它们堆积成一个三角形的样子. 最顶层只有一根,第二层只有二根,第三层只有三根,……

你想要知道这堆木料究竟有多少条圆木?于是你开始计算:一、二、三、……

可是这样计算并不太快,而且容易错误. 为了能较准确和迅速得到堆积木条的总数,我们介绍一个古代中国和希腊劳动人民所知道的一个方法. 但在还没讲这方法之前,请听一个著名的德国天文、物理和数学家的故事.

8 岁孩子发现的数学定理

18 世纪的德国出了一个大科学家高斯（Carl Friedrich Gauss，1777 – 1855）。他生在一个贫穷的家里,父亲什么工作都做过:园丁、劳工、商人助手、杂货店的算账员等。母亲是一个石匠的女儿,虽然只读一点点的书,但人非常的聪明。高斯在还不会讲话时就自己学计算,在三岁时有一天晚上他看着父亲在算工钱时,还纠正父亲计算的错误.

他八岁时进入乡村小学读书。教算术的老师是一个从城里来的人,觉得在一个穷乡僻壤教几个小猢狲读书,真是大材小用。而他又有些偏见:穷人的孩子天生都是笨蛋,教这些蠢笨的孩子念书不必认真,如果有机会还应该处罚他们,使自己在这枯燥的生活里添一些乐趣.

这一天正是算术教师情绪低落的一天。同学们看到老师那抑郁的脸孔,心里畏缩起来,知道老师又会在今天捉些学生处罚了.

"你们今天替我算从 1 加 2 加 3 一直到 100 的和。谁算不出就罚他不能回家吃午饭。" 老师讲了这句话后就一言不发的拿起一本小说坐在椅子上看.

课室里的小朋友们拿起石板开始计算:"1 加 2 等于 3,3 加 3 等于 6,6 加 4 等于 10,…" 一些小朋友加到一个数字后就擦掉石板上的结果,再加下去,数字越来越大,很不好算。有些孩子的小脸孔涨红了,有些手心、额上渗出了汗水.

第 4 章　数列及应用

还不到半点钟，小高斯拿起了他的石板走上前去。"老师，答案是不是这样？"

老师头也不抬，挥着那肥厚的手，说："去！回去再算！错了！"他想不可能这么快学生就会有答案了．

可是高斯却站着不动，把石板伸向老师面前，"老师，我想这个答案是对的。"

算术老师本来想要怒吼起来，可是一看石板上整整齐齐写了这样的数：5 050，他惊奇起来。因为他自己曾经算过，得到的数值也是 5 050，这个 8 岁的小鬼怎么这样快就得到了这个数值呢？

高斯解释他发现的一个方法，这个方法就是古时希腊人和中国人用来计算级数 $1+2+3+\cdots+n$ 的方法。高斯的发现使到老师觉得羞愧，觉得自己以前目空一切和轻视穷人家的孩子的观点是不对的，他以后也认真教起书来，并且还常从城里买些数学书自己进修并借给高斯看。在他的鼓励下，高斯以后便在数学上作了一些重要的研究．

看完以上故事，相信你一定找到了求建筑工地上那堆圆木条数量的方法了吧。

第5章 概率、统计初步及其应用

在客观世界中，存在着不同的现象．有些现象在一定条件下是必然发生的，有些现象在一定条件下是必然不发生的，还有一些现象在一定条件下可能发生也可能不发生，这些现象的发生存在着随机性．而概率论正是研究现实世界中随机现象规律性的一门学科，它在各个领域中都有广泛的应用．例如，2012年2月28日，国家质检总局新闻发言人李元平在例行新闻发布会上表示，质检总局2011年共对19 328家企业生产的20 965种产品进行了国家监督抽查，产品抽样合格率为87.5%．

在日常生活中，我们每天都面对大量的数据，看电视，看报纸……数据无处不在．要使这些数据变为对你有用的信息，就需要对这些数据作一些处理和分析，使它能够帮助你进行决策．怎样处理和分析数据，这也正是统计的用武之地．本章主要学习概率和统计的基础知识．

§5.1 排列与组合

5.1.1 计数原理

学习目标：
（1）理解分类计数原理和分步计数原理；
（2）会运用分类计数原理和分步计数原理分析或解决实际问题．

1. 分类计数原理

什么是分类计数原理呢？

我们先来看下面的例子：

从甲地去乙地，可以乘火车，可以乘汽车，还可以乘轮船．一天中，火车有2班，汽车有3班，轮船有4班，那么一天中乘坐这些交通工具从甲地到乙地有多少种不同的选择？

分析：在一天中，从甲地到乙地乘火车有2种选择，乘汽车有3种选择，乘轮船有4种选择，以上无论选择了哪一种方法，都可以从甲地到达乙地．因此，一天当中乘坐这些交通工具从甲地到乙地的不同选择共有：

$$2+3+4=9（种）$$

一般地，有如下原理：

分类计数原理：完成一件事，有 n 类办法，在第1类办法中有 m_1 种不同的方法，在第2类办法中有 m_2 种不同的方法……在第 n 类办法中有 m_n 种不同的方法，那么完成这件事共有 $N=m_1+m_2+\cdots+m_n$ 种不同的方法．

例5-1 书架上层有不同的数学书5本，中层有不同的语文书8本，下层有不同的物理书7本．现在从其中任取一本书，问有多少种不同的取法？

分析：从书架上任取一本书，有三类取法：第一类取法是从书架上层取出一本数学书，可以从5本中任取一种，有5种取法；第二类取法是从书架的中层取出一本语文书，可以从8本中任取一种，有8种取法；第3类取法是从书架的下层取出一本物理书，可以从7本中任取一种，有7种取法．只要在书架上任意取出一本书，任务即完成．

解：根据分类计数原理，不同的取法一共有 $N=m_1+m_2+m_3=5+8+7=20$（种）

2. 分步计数原理

我们先看下面的例子．

由A地去C地，中间必须经过B地，且已知由A地到B地有3条路走，再由B地到C地有2条路可走，那么由A地经B地到C地有多少种不同的走法？

分析：从A地到C地不能由一个步骤直接到达，必须经过B地，从A地到B地有3种不同的走法，而从B地到C地有2种不同的走法，所以从A地经B地到C地的全部走法有 $3\times2=6$ 种．也就是从A地到B地的3种走法与从B地到C地的2种走法的乘积．

一般地，有如下原理：

分步计数原理：完成一件事，需要分成 n 个步骤，做第1步有 m_1 种不同的方法，做第2步有 m_2 种不同的方法……做第 n 步有 m_n 种不同的方法，那么完成这件事共有：

$N=m_1\times m_2\times\cdots\times m_n$ 种不同的方法．

例5-2 书架上层有不同的数学书5本，中层有不同的语文书8本，下层有不同的物理书7本，从中取出不同的数学、语文、物理书各1本，问有多少种不同的取法？

分析：从书架上取数学、语文、物理书各1本，可以分成3个步骤完成：第一步取数学书1本，有5种不同的取法；第2步取语文书1本，有8种不同的取法；第三步取物理书1本，有7种不同的取法，符合分步计数原理的条件．

解：根据分步计数原理，得到 $N=5\times8\times7=280$ 种不同的取法．

1. 一件工作可以用2种方法完成，有8人会用第一种方法，另外有6人会用第二种方法，要选出1个人来完成这件工作，共有多少种选法？

2. 一个学生要从3本语文书、4本数学书、5本英语书中任取一本，共有多少种不同的取法？

3. 在一个红色口袋中，装有20张分别标有1，2，3，…，20的红色数字卡片，在另一个黄色口袋中，装有10张分别标有1，2，…，10黄色数字卡片．在红色口袋中摸出一张数字卡片做被加数，在黄色口袋中摸出一张数字卡片做加数，列成加法式子，一共可以列成多少个符合要求的加法式子？

4. 从A地到B地有2条路可通，从B地到C地有3条路可通；从A地到D地有4条路可通，从D地到C地有2条路可通，从A地到C地共有多少种不同的走法？

5. 从2，3，5，11这四个数字中，取两个数出来做假分数，这样的假分数有多少个？

5.1.2 排列与排列数公式

学习目标：
（1）理解排列的定义；（2）理解并掌握排列数公式；（3）会运用排列数公式求解相关问题．

1. 排列的定义

我们看下面的问题：

上海、香港、广州三个民航站之间的直达航线，需要准备多少种不同的机票？

分析： 这个问题就是从上海、香港、广州三个民航站中，每次取出两个站，按照起点在前，终点在后的顺序排列，求共有多少种不同的排法．

首先确定起点站，在3个站中任选一个，有3种方法；其次确定终点站，当选定起点站后，终点站就只能从其余两个站中选，因此只能有2种选法，那么根据分步计数原理，在3个民航站中，每次取2个，按起点站在前，终点站在后的顺序的不同的取法共有 3×2=6 种．

一般地，我们把被取的对象叫做**元素**．像上面问题中的民航站中的任何一个都叫元素．所以上面的问题就是从3个不同的元素中，任取2个，然后按照一定的顺序排列，求一共有多少种不同的排列的问题．

从 n 个不同的元素中，任取 m（$m \le n$）个元素，按照一定的顺序排成一列，叫做从 n 个元素中取出 m 个元素的一个排列．如 $m<n$，这样的排列叫**选排列**．如果 $m=n$，这样的排列叫**全排列**．

例 5-3 用数字2，3，5可以组成多少个没有重复数字的三位数？并写出所有的排列．

分析： 第一步，确定百位上的数字，在2，3，5中任取一个，有3种取法．

第二步，确定十位上的数字，由于百位上的数字已经确定，十位上的数字只能从余下的两个数字中取一个，有 2 种取法.

第三步，确定个位上的数字，当百位、十位都确定后，只余下一个数字，个位数只能是余下的这个数字，所以只有一种取法.

解：根据分步计数原理，从三个不同数字中，每次全部取出排成没有重复数字的三位数个数共有 $3 \times 2 \times 1 = 6$ 个，它们分别是：235，253，325，352，523，532.

2. 排列数公式

一般地，从 n 个不同的元素中，任取 m ($m \leq n$) 个元素的所有排列的个数，叫做从 n 个不同元素中取出 m 个元素的**排列数**，用符号 A_n^m 表示. 排列数的计算公式是：

$$A_n^m = n \times (n-1) \times (n-2) \cdots (n-m+1) \quad (m, n \in N_+, 且 M \leq n)$$

上面的公式叫**排列数公式**. 如果 $m = n$，即为全排列时，排列数公式变为 $A_n^n = n \times (n-1) \times (n-2) \times \cdots \times 2 \times 1$ 全排列的排列数等于自然数 1 到 n 的连乘积，叫做 n 的**阶乘**，用 $n!$ 表示.

即：$n! = n \times (n-1) \times (n-2) \cdots 2 \times 1$.

规定 $0! = 1$

例 5-4 计算 A_{15}^4 和 A_5^5

解：$A_{15}^4 = 15 \times 14 \times 13 \times 12 = 32\ 760$

$A_5^5 = 5! = 5 \times 4 \times 3 \times 2 \times 1 = 120$

例 5-5 某铁路上有 10 个车站，共需要准备多少种普通车票？

解：因为每一张车票实际上是对应着 2 个车站的一个排列，因此需要准备的车票种数，就是从 10 个车站中任取 2 个的排列数.

$A_{10}^2 = 10 \times 9 = 99$（种）

想一想

练习5.1.2

练一练

1. 写出红，黄，蓝，黑四种颜色构成的全排列，并指出共有多少种？

2. 写出从 a, b, c, d, e 五个元素中任取两个元素的所有排列，并指出共有多少种？

3. 由 2，5，6 三个数字可组成多少个没有重复数字的三位数？并写出所有这样的三位数.

4. 计算：A_{100}^2，A_5^5，$A_8^4 - 3A_8^2$，$\dfrac{A_7^4}{A_7^3}$

5. 7 名同学排成一排照相，有多少种排法？

6. 用 1~5 这 5 个数字，可以组成多少个没有重复数字的四位数？其中有多少个四位数是 5 的倍数？

5.1.3 组合与组合数公式

> **学习目标：**
> （1）理解组合的定义；（2）理解并掌握组合数公式；
> （3）理解并掌握组合的性质；（4）会运用组合数公式求解相关问题.

1. 组合的定义

我们看下面的问题：

在上海、香港、广州三个民航站的直达航线之间，有多少种不同的飞机票价？（假定两地间的往返票价和舱位价是相同的）

飞机票的价格有如下三种：

上海——香港（香港——上海）

上海——广州（广州——上海）

香港——广州（广州——香港）

这个问题与上一节计算飞机票种数的问题不同．飞机票种数与起点站、终点站有关，也就是与顺序有关，而飞机票的价格只与两地的距离有关，与起点、顺序无关，这就是本节研究的组合问题.

一般地，从 n 个不同元素中，任取 m（$m \leq n$）个元素并成一组，叫做从 n 个元素中取出 m 个元素的一个组合.

上面的问题就是从 3 个不同元素中取出 2 个元素的组合.

2. 组合数公式

从 n 个元素中取出 m（$m \leq n$）个元素的所有组合的个数，叫做从 n 个不同元素中取出 m 个元素的组合数，用符号 C_n^m 表示.

上面问题中飞机票价种数可以表示成 C_3^2.

组合数公式：

$$C_n^m = \frac{A_n^m}{A_m^m} = \frac{n(n-1)\cdots(n-m+1)}{m!} \quad (m \leq n)$$

例 5-6 计算 C_{10}^4，C_7^3.

解： $C_{10}^4 = \dfrac{A_{10}^4}{A_4^4} = \dfrac{10 \times 9 \times 8 \times 7}{4 \times 3 \times 2 \times 1} = 210$

$C_7^3 = \dfrac{A_7^3}{A_3^3} = \dfrac{7 \times 6 \times 5}{3 \times 2 \times 1} = 35$

例 5-7 平面内有 12 个点，其中任意 3 点不在同一直线上，以任意 3 点为顶点画三角形，一共可以画多少个三角形？

解：因为任意3点不在同一直线上，所以任意3点都可以构成一个三角形的顶点，所以题目即求从12个不同元素中取3个元素的组合数：$C_{12}^3 = \dfrac{12 \times 11 \times 10}{3 \times 2 \times 1} = 220$. 共可画220个三角形.

3. 组合数的两个性质

性质1：$C_n^m = C_n^{n-m}$

这个性质说明从 n 个元素中取出 m（$m \leq n$）个元素的所有组合，等于从 n 个元素中取出 $n-m$ 个元素的所有组合.

例 5-8 计算 C_{18}^{15}

解：$C_{18}^{15} = C_{18}^3 = \dfrac{18 \times 17 \times 16}{3 \times 2 \times 1} = 816$

性质2：$C_{n+1}^m = C_n^m + C_n^{m-1}$

这个性质说明从 $n+1$ 个元素中取出 m 个元素的所有组合，等于从 n 个元素中取出 m 个元素的组合加上从 n 个元素中取出 $m-1$ 个元素的组合.

例 5-9 计算 $C_{99}^{96} + C_{99}^{97}$

解：$C_{99}^{96} + C_{99}^{97} = C_{100}^{97} = C_{100}^3 = \dfrac{100 \times 99 \times 98}{3 \times 2 \times 1} = 161\,700$

练习5.1.3

1. 计算：C_6^2，C_8^3，$C_4^3 + C_3^1$，$C_7^3 - C_5^2$

2. 平面内4点中，任意3点不共线，那么它们一共可以连成多少条线段？

3. 从1，2，3，4，5，6，7，8，9这9个数字中取出2个数，使它们的和是偶数，共有多少种选法？

4. 计算 C_{98}^{96}，$C_{90}^{80} - C_{90}^{10}$

5. 计算：$C_6^1 + C_6^2 - C_7^5$

习题5.1

1. 判断下列命题的真假：

(1) $A_8^3 = 8 \times 7 \times 6 \times 5$

(2) $A_4^4 = 4 \times 4 \times 4 \times 4$

(3) $0! = 0$

(4) $C_n^0 = n!$

(5) $A_n^m = \dfrac{m!}{n!(n-m)!}$

(6) $A_{90}^2 - C_{90}^{88} = 0$

(7) 从5名男生中选出3人，4名女生中选出2人排成一列，只有 $C_5^3 \cdot C_4^2 \cdot A_5^5$ 种排法.

2. 填空:

(1) $\dfrac{11!}{7! \times 3! \times 2!} =$ _____;

(2) 5 个人坐一条长凳, 不同的坐法共有 _____ 种;

(3) 由 0 至 9 这 10 个数能组成 _____ 个可重复的 4 位数;

(4) 集合 $A = \{a, b, c, d, e, f\}$ 的所有子集的个数为 _____.

3. 分别写出由 1, 2, 3, 4, 5 五个数字组成的没有重复数字的下列各数:

(1) 百位上的数字为 3 的 3 位数; (2) 个位上的数字为 5 的 3 位数.

4. 由数字 1, 2, 3, 4, 5 可以组成多少个没有重复数字的自然数?

5. 6 个人分坐两排, 每排 3 人, 共有多少种不同的坐法?

6. 2002 年世界杯亚洲区预选赛 B 组有中国、卡塔尔、阿联酋、乌兹别克斯坦、阿曼 5 支球队, 每队与其余 4 队都要进行主、客场两场比赛, 共有多少场比赛? 请排出所有的比赛对阵表.

7. 从 1, 3, 5, 7, 9 中任取 3 个数字, 从 0, 2, 4, 6, 8 中任取 2 个数字, 一共可以组成多少个没有重复数字的 5 位数?

8. 某学生要邀请 10 位同学中的 6 位参加一项活动, 其中有 2 位同学要么都请, 要么都不请, 共有多少种邀请方法?

9. 某学校有 7 个学生在暑假约定, 每 2 人互通一封信, 每 2 人互通一次电话. 问:

(1) 共通信多少封? (2) 共通电话多少次?

10. 5 个学生站成一排:

(1) 有几种不同的站法?

(2) 其中甲学生必须站在中间, 有几种不同的站法?

(3) 其中甲、乙两个学生必须相邻站在一起, 有几种不同的站法?

(4) 其中甲学生不站在排头, 有几种不同的站法?

11. 某生产小组有 15 名工人, 其中正副组长各 1 名, 现选派 5 名工人去参加一项活动:

(1) 如果组长和副组长必须参加, 有多少种选派法?

(2) 如果组长和副组长必须有 1 人且只需有一人参加, 有多少种选派法?

(3) 如果组长和副组长都不参加, 有多少种选派法?

(4) 如果组长和副组长至少有 1 人参加, 有多少种选派法?

12. 已知 100 件产品有 3 件次品, 其余为正品, 现:

(1) 从中取出 3 件产品中恰有一件次品的抽法有多少种?

(2) 从中抽出 3 件产品, 至少有一件正品的抽法有多少种?

§5.2　概率初步

5.2.1　古典概率

学习目标:

(1) 理解随机事件与样本空间的概念; (2) 理解古典概率; (3) 求随机事件的古典概率.

1. 随机现象

我们来考察下面一些现象：
(1) 抛一苹果，下落；
(2) 在常温下，铁熔化；
(3) 抛一枚硬币，可能正面向上，也可能反面向上；
(4) 足球运动员踢点球一次，可能中也可能不中．

上述现象的发生与否各有特点，(1) 是必然的；(2) 是不可能的；(3) 与 (4) 是有多种可能发生的结果，我们将这种事前不能完全确定，事后会出现各种可能结果之一的现象叫做**随机现象**.

2. 随机事件与样本空间

在实际中，一般通过观察试验来研究随机现象，有的试验，虽然一次试验的结果不能预测，但一切可能出现的结果却是可以知道的，我们将这样的观察试验为**随机试验**，简称**试验**.

例如，掷一颗骰子只可能出现 1 点，2 点，3 点，4 点，5 点，6 点六种结果，这样的试验就是随机试验．

我们把一个随机试验的一切可能结果构成的集合叫做这个试验的**样本空间**，通常用大写希腊字母 Ω 表示，样本空间的元素（随机试验的每一个可能出现的结果）称为**基本事件**，用小写希腊字母 ω 表示．例如：掷一颗骰子的样本空间 $\Omega = \{1,2,3,4,5,6\}$，其中 1，2，3，4，5，6 分别代表骰子出现 1 点，2 点，3 点，4 点，5 点，6 点向上这 6 个基本事件．

样本空间的任意一个子集，称作**随机事件**，简称事件．例如，掷骰子的样本空间的一个子集 $A = \{2, 4, 6\}$ 表示掷得偶数点这个事件.

例 5 – 10 连续掷三枚硬币：
(1) 写出这一试验的样本空间；
(2) 求这个试验的基本事件的个数；
(3) "恰有两枚正面向上"这一事件包含哪几个基本事件？

解：(1) Ω = {（正，正，正），（正，反，正），（正，正，反），（正，反，反），（反，正，正），（反，反，正），（反，正，反），（反，反，反）}

(2) 基本事件的个数是 8；

(3) "恰有两枚正面向上"包含以下三个基本事件（正，正，反），（正，反，正），（反，正，正）

3. 古典概率

先看下面的例子：

(1) 掷一枚硬币，它的样本空间 $\Omega = \{正，反\}$，它只有两个基本事件．由于硬币的构造是均匀的，因而出现"正面向上"与"反面向上"的机会是均等的，又排除了其他可能,所以我们断言,掷一枚硬币,掷得"正面向上"和"反面向上"的可能性是相等的,都是 $\frac{1}{2}$.

(2) 掷一枚骰子,它的样本空间 $\Omega = \{1, 2, 3, 4, 5, 6\}$ 它有6个基本事件.由于骰子的构造是均匀的,因而出现这6种结果的机会是均等的,于是我们可以断言:掷一枚骰子,每一种结果出现的可能性都是 $\frac{1}{6}$.

以上两个试验有两个如下的共同特征:
(1) 在随机试验中,其可能出现的结果只有有限个,即只有有限个不同的基本事件;
(2) 等可能性:每个基本事件发生的机会是均等的,我们称这样的随机试验为**古典概型**.

一般地,对于古典概型,如果试验的基本事件总数为 n,随机事件 A 所包含的基本事件数为 m,我们就用 $\frac{m}{n}$ 来描述事件 A 出现的可能性大小,称它为事件 A 的**概率**,记作 $P(A)$,即 $P(A) = \frac{m}{n}$.

显然事件 A 的概率满足 $0 \leq P(A) \leq 1$,并且,必然事件的概率是1,不可能事件的概率是0.即 $P(\Omega) = 1, P(\phi) = 0$

可以用古典概型计算的概率称为**古典概率**.

例 5-11 掷一颗骰子,求掷得偶数点的概率.

解:掷一颗骰子,它的样本空间 $\Omega = \{1, 2, 3, 4, 5, 6\}$,它的基本事件总数为 $n = 6$,掷得偶数点事件 $A = \{2, 4, 6\}$,包含的基本事件数 $m = 3$,所以 $P(A) = \frac{3}{6} = \frac{1}{2}$.

例 5-12 从 1, 2, 3, 4, 5, 6 六个数字中任意取出两个数,求它们都是偶数的概率.

解:从六个数字中任取两个,取法是等可能的,共有 $C_6^2 = 15$ 种,这就是全体基本事件数,即 $n = 15$.

设 A 为"任意两数都是偶数",则事件 A 包含的基本事件数就是从"2,4,6"三个偶数中任取两个的组合数,即 $C_3^2 = 3$ 种,因此:

$$P(A) = \frac{3}{15} = \frac{1}{5}$$

例 5-13 从5个男学生和4个女学生中选出3个代表,试计算:
(1) 共有多少个基本事件;
(2) 选出的全是女学生的事件包含了几个事件;
(3) 选出的全是女学生的概率.

解:(1) 从9个学生中选出3个代表,共有 $C_9^3 = 84$ 个基本事件.
(2) 选出的全是女学生的事件包含了 $C_4^3 = C_4^1 = 4$ 个基本事件.
(3) 由于从9个学生中选出3个代表的84个基本事件是等可能的,所以选出的全是女学生的概率是 $\frac{C_4^3}{C_9^3} = \frac{4}{84} = \frac{1}{21}$

练一练 练习5.2.1 想一想

1. 做随机试验"从写有0,1,2三个数字的卡片中,无放回地取两次,每次取1个,构成有序数对(x,y),x为第一次取到的卡片,y为第二次取到的卡片":
(1) 写出这个随机试验的样本空间;
(2) 求这个试验的基本事件的个数;
(3) 写出"第一次取出的卡片数字是2"这一事件.

2. 从1,2,3,4,5,6,7七个数字中,任取两数,求两数都是奇数的概率.

3. 从含有三件正品和一件次品的产品中任取2件,求取出的2件产品中恰有1件次品的概率.

4. 16支铅笔中,有14支正品和2支次品. 从中任取2支,恰好都取到正品的概率是多少?

5. 同时抛掷2分和1分的两枚硬币,计算:
(1) 两枚都出现正面的概率;
(2) 一枚出现正面,一枚出现反面的概率.

6. 从分别写上数字1,2,3,…,9的9张卡片中,任意取出2张,试求下列事件的概率:
(1) "两数和为偶数";
(2) "两数积为完全平方数".

5.2.2 概率的加法公式与乘法公式

学习目标:
(1) 理解互斥事件的概念,会运用概率的加法公式求互斥事件的概率;
(2) 理解相互独立事件的概念,会运用概率的乘法公式求相互独立事件的概率.

1. 互斥事件的概率加法公式

看下面一个例子:

抛掷一颗骰子,设事件A为"出现2点",B为"出现奇数点". 很明显,这里的事件A和事件B不可能同时发生,我们称不可能同时发生的两个事件叫做**互斥事件**(或称**不相容事件**),实践证明,对任意两个互斥事件,都有:$P(A \cup B) = P(A) + P(B)$,其中$A \cup B$表示事件$A$与$B$至少有一个发生.

例5-14 某地区的年降水量,在100~150mm范围内的概率是0.12,在150~200mm范围内的概率是0.25,在200~250mm范围内的概率是0.16,在250~300mm范围内的概率是0.14. 计算年降水量在150~300mm范围内的概率.

解：记这个地区的年降水量在 150～200mm，200～250mm，250～300mm 范围内分别为事件 A，B，C，显然这三个事件是彼此互斥的．根据上面右边的公式：

$$P(A \cup B \cup C) = P(A) \cup P(B) \cup P(C)$$
$$= 0.25 + 0.16 + 0.14 = 0.55$$

再看下面的例子：

抛掷一颗骰子，记"出现偶数点"的事件为 A，记"出现奇数点"的事件为 B，$P(A) = \frac{3}{6}, P(B) = \frac{3}{6}, P(A) + P(B) = 1$，可以发现事件 A 的"否"就是 B．显然 A 与 B 是互斥事件，且 $A \cup B = \Omega$．

一般地：像上面 A 与 B 这样的两个事件叫做**互为对立事件**，事件 A 的对立事件记做 $\bar{A}$，我们有这样的公式：$P(A) + P(\bar{A}) = 1$．

2. 相互独立事件的概率乘法公式

先看下例：有五个乒乓球，三个新的，两个旧的，从中每次任取一个，有放回的取两次．记 A = {第一次取到新球}，B = {第二次取到新球}．求第一次、第二次都取到新球的概率．

由于是有放回的取两次，很明显第一次取到新球还是旧球，对第二次取到新球的概率没有影响．这就是说，事件 A 是否发生对事件 B 发生的概率没有影响．我们把这样的两个事件叫做**相互独立事件**，并且当 A、B 相互独立时，A 与 $\bar{B}$，$\bar{A}$ 与 B，$\bar{A}$ 与 $\bar{B}$ 也相互独立．

一般地，对于相互独立事件，我们有公式 $P(A \cap B) = P(A) \times P(B)$，其中 $A \cap B$ 表示事件 A 与 B 同时发生．就是说两个相互独立事件都发生的概率，等于每个事件发生的概率的乘积．

例 5-15 甲、乙两人各进行一次射击，如果两人击中目标的概率都是 0.7，计算：(1) 两人都击中目标的概率；(2) 其中恰有一人击中目标的概率；(3) 至少有一人击中目标的概率．

解：记 {甲射击一次，击中目标} 为事件 A，{乙射击一次，击中目标} 为事件 B．

(1) 两人都击中目标就是事件 $A \cap B$，根据公式：

$$P(A \cap B) = P(A) \times P(B) = 0.7 \times 0.7 = 0.49$$

(2) 恰有一人击中目标包括两种情况：一种是甲中、乙未中（$A \cap \bar{B}$）；另一种是甲未中但乙中（$\bar{A} \cap B$）．根据题意，这两种情况在各射击一次时不可能同时发生，即 $A \cap \bar{B}$ 与 $\bar{A} \cap B$ 互斥．所以所求概率为：

$$P(A \cap \bar{B}) + P(\bar{A} \cap B) = P(A)P(\bar{B}) + P(\bar{A})P(B)$$
$$= 0.7 \times (1 - 0.7) + (1 - 0.7) \times 0.7 = 0.42$$

(3) {两人各射击一次，至少一人击中目标} 的概率 $P(A \cap B) + [P(A \cap \bar{B}) + P(\bar{A} \cap B)] = 0.49 + 0.42 = 0.91$

例 5-16 甲、乙两人各进行一次射击，如果两人击中目标的概率都是 0.6，计算至少有一人击中目标的概率．

解：由分析所设，两个都未击中目标的概率是：

$$P(\bar{A} \cdot \bar{B}) = P(\bar{A}) \cdot (\bar{B}) = (1-0.6) \times (1-0.6) = 0.4 \times 0.4 = 0.16$$

因此，至少有一人击中目标的概率是 $1 - P(\bar{A} \cdot \bar{B}) = 1 - 0.16 = 0.84$。

例 5-17 李明有 5 件衬衣，其中 2 件是白衬衣；有 4 条长裤，其中 2 条是灰色的。一天晚上灯坏了，他顺手拿了衬衣和长裤穿上出门，他走到路灯下发现自己穿白衬衣、灰长裤的概率是多少？

解：设事件 A = "李明穿白衬衣"，B = "李明穿灰长裤"。由题意可以认为 A 与 B 是相互独立事件。$P(A) = \frac{2}{5}$，$P(B) = \frac{2}{4}$，他走到路灯下发现自己穿白衬衣、灰长裤的概率是：$P(A \cdot B) = P(A) \cdot P(B) = \frac{2}{5} \times \frac{2}{4} = \frac{1}{5}$

3. 独立重复试验

如果在一次试验中事件 A 发生的概率为 P，那么 A 在 n 次独立重复试验中恰好发生 k 次的概率 $P_n(k) = C_n^k p^k (1-p)^{n-k}$

例 5-18 某气象预报站天气预报的准确率为 80%，计算它 5 次预报中恰有 4 次准确的概率（结果保留两个有效数字）。

分析：把每次预报看做一次试验，"预报结果准确"看成事件 A，$P(A) = 0.8$，本题就相当于在 5 次独立重复试验中求 A 恰好发生 4 次的概率。

解：根据上述分析，该气象站在 5 次预报中恰有 4 次准确的概率：

$$P_5(4) = C_5^4 \times 0.8^4 \times (1-0.8)^{5-4} = 5 \times 0.8^4 \times 0.2 = 0.41$$

4. 离散型随机变量及其期望

(1) 如果试验的结果可以用变量 ξ 取的值一一列出，那么 ξ 称为离散型随机变量。

(2) 如果已知离散型随机变量 ξ 所有可能取的值 $x_1, x_2, \cdots, x_n$ 以及 ξ 取这些值的相应概率 $p_1, p_2, \cdots, p_n$，那么表 5-1 称为 ξ 的分布列，$x_1 p_1 + x_2 p_2 + \cdots + x_n p_n$ 称为 ξ 的数学期望，记作 E(ξ)。

表 5-1

ξ	x_1	x_2	...	x_n
P	p_1	p_2	...	p_n

例 5-19 某人在一项买卖活动中，获利 300 元的概率是 0.5，亏损 100 元的概率是 0.4，不盈不亏的概率是 0.1，那么他经营的期望值是多少？

分析：把他经营的盈亏值看做是一个离散型随机变量 ξ，由题意可以写出 ξ 的分布列（见表 5-2），然后应用求期望的公式。

表 5-2

ξ	300	0	-100
P	0.5	0.1	0.4

解： 由上述分析，$E(\xi) = 300 \times 0.5 + 0 \times 0.1 + (-100) \times 0.4 = 110$（元）

---

1. 在某一时期内，一条河流某处的年最高水位在各个范围内的概率见表 5-3，计算在同一时期内，河流这一处的年最高水位在下列范围内的概率：(1) 10~16 米；(2) 低于 12 米.

表 5-3

年最高水位	低于 10 米	10~12 米	12~16 米	不低于 16 米
概率	0.2	0.18	0.54	0.08

2. 生产一种产品，甲车间的合格率是 96%，乙车间的合格率是 97%，从它们生产的产品中各抽取一件，都抽到合格品的概率是多少？

3. 有一问题，在半小时内，甲能解决它的概率是 $\frac{1}{2}$，乙解决它的概率是 $\frac{1}{3}$，如果两人都试图独立地在半小时内解决它，计算：
（1）两人都未解决的概率；
（2）问题得到解决的概率．

4. 离散型随机变量 ξ 的分布列见表 5-4，则 $E(\xi) = $ _____．

表 5-4

ξ	-2	-1	1	2	3	4
P	0.2	0.1	0.2	0.3	0.1	0.1

5. 从 3 件一等品和 2 件二等品中任意抽出三件检查，求 2 件二等品全部抽出的概率．

6. 袋中有 5 个球（白球 3 个，黑球 2 个），从中任取 2 个，求：
（1）取到全是白球的概率；
（2）取到至少有 1 个白球的概率．

7. 两个人进行射击，甲击中目标的概率是 0.9，乙击中目标的概率是 0.7，求两人至少有一个人击中目标的概率．

8. 甲射手射击一次，击中目标环数为随机变量 ξ，随机变量 ξ 的分布列见表 5-5，那么求甲射手射击的期望值．

表 5-5

ξ	7	8	9	10
P	0.4	0.4	0.1	0.1

习题5.2

1. 判断下列命题的真假：
(1) 必然事件的概率等于1；
(2) 某事件的概率等于1.2；
(3) 互斥事件一定是对立事件；
(4) 对立事件一定是互斥事件；
(5) 任意两个事件都有 $P(A \cup B) = P(A) + P(B)$.

2. 填空：
(1) 抛掷三枚硬币，观察正面向上的情况，这一试验的基本事件个数为_____；
(2) 抛掷一颗骰子，出现3点或5点的概率等于_____；
(3) 抛掷一颗骰子，出现点数之和等于8的概率等于_____；
(4) 抛掷三枚硬币，至少出现一个正面的概率等于_____；
(5) 已知 $P(A) = \dfrac{2}{5}$，则 $P(\bar{A}) = $ _____；
(6) 已知 $A \cap B = \phi, P(A) = \dfrac{3}{5}, P(B) = \dfrac{1}{7}$，则 $P(A \cup B) = $ _____；
(7) 甲、乙两人在相同条件下进行射击，甲射中目标的概率是0.8，乙射中目标的概率是0.9，两人各射击一次，两人恰有一人击中目标的概率是_____，两人都击中目标的概率是_____；

3. 有发芽率分别是0.9和0.7的两批种子，在两批种子中各取1粒，求下列事件发生的概率：
(1) 两粒种子都发芽；(2) 恰有一粒种子发芽；(3) 至少有1粒种子发芽.

4. 一个盒子有10件同类型的产品，其中8件正品，2件次品，现从盒子中无放回地抽取2次，求：
(1) 第一次抽到正品的概率；(2) 两次都抽到正品的概率.

5. 一次考试中有10道判断题，求：(1) 每题都答错的概率；(2) 答对一半题的概率.

6. 某次校际乒乓球比赛共有28人参赛，其中甲校12人，乙校10人，丙校6人．若从28人中任意地抽2人，求此2人同校的概率.

7. 某次演讲比赛，共30名选手参赛，设立一等奖1名，二等奖2名，三等奖5名，求：(1) 选手获得一等奖的概率；(2) 选手获得一等奖或二等奖的概率；(3) 选手未获奖的概率.

8. 在某段时间内，甲地下雨的概率是0.2，乙地下雨的概率是0.3．假定在这段时间内两地是否下雨相互之间没有影响，计算在这段时间内：(1) 甲、乙两地都下雨的概率；(2) 甲、乙两地都不下雨的概率；(3) 其中至少有一个地方下雨的概率.

9. 某单位6个员工借助互联网开展工作，每个员工上网的概率都是0.5（相互独立），求：(1) 5人同时上网的概率；(2) 至少3人同时上网的概率.

10. 生产一种产品需要经过两道工序，第一道工序的合格率为97%，第二道工序的合格率为92%，假定两道工序互不影响．求成品的合格率.

11. 一位工人加工某种产品，在每天出现次品随机变量 ξ 的情况，统计结果见表5-6，求他每天会出随机变量的数学期望值是多少？

表5-6

ξ	0	1	2	3
P	0.3	0.3	0.2	0.2

12. 在人寿保险事业中，很重视某一年龄的投保人的死亡率，假如每个投保人能活到70岁的概率为0.7，试问：(1) 3个投保人全部活到70岁的概率；(2) 3个投保人有2个活到70岁的概率；(3) 3个投保人有1个活到70岁的概率；(4) 3个投保人都活不到70岁的概率.

§5.3 统计初步

5.3.1 总体和样本

学习目标：
（1）理解总体、样本、样本容量的概念；
（2）能正确确定考察对象的总体、样本和样本容量．

"神舟六号"和"嫦娥一号"宇宙飞船的升空，让我们每一位中国人感到骄傲和自豪，让同学们了解了更多的航天知识，知道了航天器在数据精确度上的要求程度．说到数据，你知道与数据打交道的学科是哪门学科吗？它就是统计学．

总体、样本、样本容量的概念

在统计知识中，我们把所要考察对象的全体叫做**总体**，其中的每一个考察对象叫做**个体**，从总体中所抽取的一部分个体叫做总体的一个**样本**，样本中个体的数目叫做**样本容量**．

例5-20 在考察某批灯泡的平均使用寿命时，该批灯泡寿命的全体就是一个总体，其中每一个灯泡寿命就是个体．

又如：2008年人口普查中，当考察我国人口年龄构成时，总体就是所有具有中华人民共和国国籍并在中华人民共和国国内常住的人口的年龄；个体就是符合这一条件的每一个公民的年龄；符合这一条件的所有广州的市民的年龄就是一个样本；在这个样本中，广州的市民的人数就是这个样本的容量．普查是通过总体的方式来收集数据，抽样调查是通过样本的方式来收集数据．

一般地，为了考察总体 ξ，从总体中抽取 n 个个体来进行试验或观察，这 n 个个体是来自总体 ξ 的一个样本，n 为**样本容量**．

统计学的基本思想方法是用样本估计总体，即通过从总体中抽取一个样本，根据样本的情况去估计总体的相应情况．因此，样本的抽取是否得当，对于研究总体来说十分关键．

对来自总体的容量为 n 的一个样本进行一次观察，所得的一组数据 $x_1, x_2, \cdots, x_n$ 称为样本的观察值．要使样本及样本观察值能很好地反映总体的特征，必须合理地抽取样本．下面介绍一种抽取方法．在抽取过程中，如满足以下两个条件：（1）总体中的每一个个体都有被抽到的可能；（2）每次抽样在相同条件下独立进行．我们称这种抽样方法为**简单随机抽样**．

同学们玩摸彩球游戏，就是一个例子．其他的抽样方法还有系统抽样、分层抽样等．

想一想

练习5.3.1

练一练

1. 某大型购物商场为了了解会员多长时间会到本商场购买商品一次而组织市场调查．在持有该公司会员卡的所有 135 000 名顾客中随机挑选了 500 名顾客进行电话询问．请指出本次市场调查对象的总体、样本和样本容量．

2. 为了调查你们班每一位同学的月均生活开支情况，从中随机选取了 25 名同学进行问卷调查．请指出本次调查对象的总体、样本和样本容量．

5.3.2 平均数、众数和中位数

学习目标：
（1）了解求和符号"$\sum$"的意义；（2）理解平均数、加权算术平均数、众数和中位数的概念；（3）会求平均数、加权算术平均数、众数和中位数．

1. 求和符号"$\sum$"的意义

在计算某个量时，常常需要把若干个数值相加．例如：

$$x_1 + x_2 + x_3 + \cdots + x_{100} \tag{1}$$

$$\frac{1}{2} + \frac{1}{2^2} + \frac{1}{2^3} + \cdots + \frac{1}{2^{50}} \tag{2}$$

为了使这些和式表达得简短一些，我们采用符号"$\sum_{i=1}^{n}$"，它表示求和的意思．这样，

（1）式可表示为 $\sum_{i=1}^{100} x_i = x_1 + x_2 + x_3 + \cdots + x_{100}$

（2）式可表示为 $\sum_{i=1}^{50} \frac{1}{2^i} = \frac{1}{2} + \frac{1}{2^2} + \frac{1}{2^3} + \cdots + \frac{1}{2^{50}}$

例 5-21 已知 $x_1 = 15$，$x_2 = 8$，$x_3 = 10$，$x_4 = 6$，求 $\sum_{i=1}^{4} x_i$．

解： $\sum_{i=1}^{4} x_i = x_1 + x_2 + x_3 + x_4 = 15 + 8 + 10 + 6 = 39$

2. 求和符号 $\sum$ 的性质

性质 1 $\sum_{i=1}^{n} a x_i = a \sum_{i=1}^{n} x_i$

性质 2 $\sum_{i=1}^{n}(x_i+y_i)=\sum_{i=1}^{n}x_i+\sum_{i=1}^{n}y_i$

性质 3 $\sum_{i=1}^{n}a=na$

例 5-22 已知 $x_1=5$，$x_2=8$，$x_3=9$，$x_4=6$，求 $\sum_{i=1}^{4}(2x_i+5)$

解：$\sum_{i=1}^{4}(2x_i+5)=\sum_{i=1}^{4}2x_i+\sum_{i=1}^{4}5=2\sum_{i=1}^{4}x_i+4\times5=2\times(5+8+9+6)+20=48$

3. 平均数与加权平均数

日常生活中，有了一组数据之后，怎样表达这一组数据呢？能否找到某些数作为这组数据的代表呢？总体中所有个体的平均数叫做**总体平均数**，样本中所有个体的平均数叫做**样本平均数**. 这里的平均数指的是简单算术平均数.

平均数就是将（总体）各个数值相加除以（总体）总个数求得. 平均数用符号 $\bar{x}$ 表示（也称为**算术平均数**）. 有 n 个数据 x_1，x_2，$\cdots$，x_n，计算平均数公式为：

$$\bar{x}=\frac{x_1+x_2+x_3+\cdots+x_n}{n}=\frac{\sum_{i=1}^{n}x_i}{n}$$

其中 $\sum$ 表示加总（求和）符号.

例 5-23 华美公司某生产组 6 名工人生产同一种零件的日产量分别为：66，68，69，71，72，74. 这组数据的平均数为：

$$\bar{x}=\frac{\sum_{i=1}^{n}x_i}{n}=\frac{66+68+69+71+72+74}{6}=70$$

同学们期末考试结束了，最关心的是考试科目是否合格，你知道总评成绩是怎么计算出来的吗？当然不是将平时成绩、期中成绩、期末成绩进行相加求简单的算术平均数，那它是怎么计算出来的呢？

若按照"平时成绩占 30%、期中成绩占 30%、期末成绩占 40%"的比例计算，李亮同学数学课程平时成绩为 80 分、期中成绩为 70 分、期末成绩为 90 分，那么他数学课程这学期的总评成绩就应该为 $80\times30\%+70\times30\%+90\times40\%=81$. 这样求出来的数就是统计中常用到的另一种平均数——**加权算术平均数**.

在很多情况下，由于每个指标有不同的重要性，因而各指标在总结果中所占的百分比也不一样.

一般地，把各指标在总结果中所占的百分比称为每个指标获得的**权重**，各指标乘以相应的权重后所得的平均数叫做**加权算术平均数**.

计算公式为：

$$加权算术平均数 = \frac{\sum(各组变量数 \times 各组次数)}{\sum 各组次数}$$

数学式为：

$$\bar{x} = \frac{x_1 \cdot f_1 + x_2 \cdot f_2 + \cdots + x_n \cdot f_n}{f_1 + f_2 + \cdots + f_3} = \frac{\sum_{i=1}^{n} x_i f_i}{\sum_{i=1}^{n} f_i}$$

在这里，f_i 可以是 x_i 的权重，也可以是 x_i 出现的频数（$i = 1, 2, \cdots, k$）.

例 5 - 24 力特公司某生产组 10 名工人生产汽车零件，日产量分组资料如表 5 - 7 所示，计算工人的平均日产量.

表 5 - 7

日产量（件）x_i	工人人数 f_i	$x_i f_i$
10	1	10
20	2	40
30	7	210
合计	10	260

解：根据资料，可以计算该生产组 10 名工人的平均日产量为：

$$\bar{x} = \frac{x_1 \cdot f_1 + x_2 \cdot f_2 + \cdots + x_n \cdot f_n}{f_1 + f_2 + \cdots + f_3} = \frac{\sum_{i=1}^{n} x_i f_i}{\sum_{i=1}^{n} f_i} = \frac{260}{10} = 26（件）$$

答：该公司工人的平均日产量为 26 件.

由例 5 - 24 可见，工作的平均日产量 26 件趋向于工人人数最多.

4. 几何平均数

几何平均数就是 n 个数乘积的 n 次方根，用符号 G 表示. 如：n 个数 $x_1, x_2, x_3, \cdots, x_n$，计算公式为：

$$G = \sqrt[n]{x_1 \cdot x_2 \cdot x_3 \cdots x_n}$$
$$= \sqrt[n]{\prod x_i}$$

其中 $\prod$ 表示连乘符号. 如：$2 \times 3 \times 4 \times 5 \times 6 \times 7 \times 8 = \prod_{i=2}^{8} n_i$

例 5 - 25 某地区电话普及率逐年提高，电话用户第二年比第一年增长 10%，第三年比第二年增长 15%，第四年、第五年分别比上一年增长 16% 和 12%，求该地区电话用户平均增长速度.

解：平均发展速度

$$G = \sqrt[n]{x_1 \times x_2 \times x_3 \times \cdots \times x_n} = \sqrt[4]{(1+10\%) \cdot (1+15\%) \cdot (1+16\%) \cdot (1+12\%)}$$
$$= \sqrt[4]{110\% \times 115\% \times 116\% \times 112\%}$$
$$= \sqrt[4]{1.643488} = 113.2\%$$

平均增长速度 = 平均发展速度 − 1
$$= 113.2\% - 1 = 13.2\%$$

计算结果表明，该地区电话用户平均增长速度为 13.2%.

5. 众数

一组数据中，出现次数最多的那个数据值叫做这组数据的**众数**. 用符号 M_o 表示. 如果有两个数据并列最多，那么这两个值都是众数. 所以，一组数据可以有不止一个众数，也可以没有众数.

例 5 – 26 某班第 2 小组同学的年龄如下：

17，17，18，18，18，18，18，19. 因为 18 岁的同学有 5 人，出现次数最多，所以众数 $M_o = 18$ 岁.

6. 中位数

一般地，n 个数据按大小顺序排列，处于最中间位置的一个数据（或最中间两个数据位置的平均数）叫做这组数据的中位数. 用符号 M_e 表示.

注意：统计数据个数的时候，相等的数据都应分别算作一个数据.

中位数的计算步骤是：

第一步，将所有 n 个数据按大小顺序排列；

第二步，n 为奇数时，按 $\dfrac{n+1}{2}$ 确定中间位置；n 为偶数时，按 $\dfrac{n}{2}$，$\dfrac{n+2}{2}$ 确定中间位置；

第三步，n 为奇数时，按中间位置找到对应的数值；n 为偶数时，找到 $\dfrac{n}{2}$，$\dfrac{n+2}{2}$ 对应的两个数再求平均数，确定为中位数.

例 5 – 27 2006 级财会某班第 2 小组同学的身高如下：单位（米）

1.57，1.53，1.56，1.70，1.60，1.68，1.61，1.64

求这组数据的中位数.

解：将这组数据从小到大排序可得：

1.53，1.56，1.57，1.60，1.61，1.64，1.68，1.70

确定处于中间的两个数据为：1.60 与 1.61. 所以，这组数据的中位数 $M_e = \dfrac{1.60 + 1.61}{2} = 1.605$（米）

练习5.3.2

1. 下面叙述正确的是（　　）．
   A. 总体是样本的集合　　B. 个体是总体的元素
   C. 样本是总体的元素　　D. 全部个体组成样本

2. 若把某组数所对应的各数值都扩大2倍，则算术平均数（　　）．
   A. 扩大$\frac{1}{2}$倍　　B. 扩大2倍
   C. 不变　　D. 缩小2倍

3. 数列：5，3，7，4，8，9，6，12，1的中位数是（　　）．
   A. 7　　B. 6　　C. 5.5　　D. 8

4. 调查广州某小区10户家庭订购报刊分数分组，其资料见表5-8，根据此资料计算的众数为（　　）．
   A. 1　　B. 2　　C. 3　　D. 6

表5-8

报刊数	0	1	2	3
家庭数	1	2	6	1

5. 数据80，84，85，90，90，91，93中的中位数和众数是_____、_____．

6. 用符号$\sum$表示下列各和式：

   (1) $x_2 + x_3 + x_4 + x_5 + x_6$

   (2) $x_1^2 + x_2^2 + x_3^2 + x_4^2 + x_5^2$

   (3) $[(x_1-2)+(x_2-2)+(x_3-2)+(x_4-2)]^2$

7. 已知$x_1=15$，$x_2=18$，$x_3=10$，$x_4=-16$，求$\sum_{i=1}^{4}(2x_i-1)$．

8. 刘军同学在这学期的前四次数学测验中得分依次是95，83，77，86，马上要进行第五次测验了，他希望五次成绩的平均数能够达到或超过85分，那么，这次测验他至少要考多少分？

9. 广东某地区居民每月用于文化娱乐消费的支出情况调查如表5-9，试计算居民每月用于文化消费支出的算术平均数、中位数和众数，并比较它们是否相等．

表5-9

月支出（元）	户数（户）
100～200	7
200～300	19
300～400	39
400～500	30
500以上	5
合计	100

10. 广东美嘉洗衣机厂 2007 年 7 月，8 月，9 月，10 月，11 月，12 月的月产量依次为 1 000 台，1 050 台，1 080 台，1 210 台，1 290 台，1 380 台．求产量的平均发展速度．

11. 已知某厂加工某种零件要经过三道工序，每道工序的加工合格率分别为 95%，97%，98%，求三道工序的平均合格率是多少？

12. 广州某企业产品的质量、价格、销售资料如表 5 - 10，试计算该产品的平均等级和平均单价．

表 5 - 10

产品等级	单位价格（元）	销售量（百件）	销售额（百元）
1	60	50	3 000
2	75	30	2 250
3	80	15	1 200

5.3.3 极差、方差、标准差和离散系数

学习目标：
（1）理解极差、方差、标准差和离散系数的概念；（2）会求一组数据的极差、方差、标准差和离散系数；（3）会运用方差、标准差或离散系数判断一组数据的稳定程度．

1. 极差和平均差

为了了解某种商品在市场中的定价情况，某调查机构经过调查，得知该商品在好又多、百佳、万佳、沃尔玛、家乐福 5 家大型超市的零售价格分别为：11.39 元，11.89 元，11.59 元，11.19 元，11.29 元．可见，其中最高价格为 11.89 元，最低价格为 11.19 元，它们之差为 11.89 - 11.19 = 0.70（元）．

一般地，我们将变量分布中最大值与最小值之差叫做**极差**，也叫**全距**．（用符号 R 表示）

$$极差（R）= 最大变量值 - 最小变量值$$

例 5 - 28 已知某次 A 组 5 名学生数学考试成绩为：67，69，70，71，73；B 组 5 名学生数学考试成绩为：41，68，70，81，90，试求两组学生的平均成绩并比较两组学生考试成绩的均衡程度．

解： A 组的平均成绩为：

$$\bar{x} = \frac{67 + 69 + 70 + 71 + 73}{5} = 70（分）$$

B 组的平均成绩为：

$$\bar{x} = \frac{41 + 68 + 70 + 81 + 90}{5} = 70（分）$$

$R_A = 79 - 67 = 12$（分）；$R_B = 90 - 41 = 49$（分）

虽然两个组的平均成绩相同，都是 70 分，但是各组成绩离散程度不同．A 组学习成绩比较平衡，平均数的代表性高，而 B 组成绩差别大，平均数的代表性低．

一个数据值 x_i 与某一数据 x 的之差，在统计中称为**离差**．如：数据 8 与数据 10 的离差是 -2．

一组数据中各数据值与其算术平均数离差（之差）的绝对值的算术平均数叫做**平均差**，也叫**简单平均差**．用符号 A. D. 表示．

$$A.D. = \frac{\sum |x_i - \bar{x}|}{n} \quad (i = 1,2,3,\cdots,n)$$

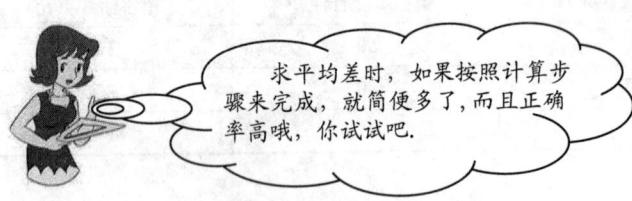

求平均差时，如果按照计算步骤来完成，就简便多了，而且正确率高哦，你试试吧．

计算平均差的步骤如下：
第一步，计算算术平均数 $\bar{x}$；
第二步，计算 x_i 与算术平均数 $\bar{x}$ 的离差：$x_i - \bar{x}$；
第三步，计算离差的绝对值；
第四步，将离差绝对值的总和除以项数（n）或总次数（$\sum f$）．

例 5 – 29 以例 1 学生成绩为例，试求每组学生成绩的平均差．

解：列表计算如下：

A 组平均差 $A.D. = \dfrac{\sum |x_i - \bar{x}|}{n} = \dfrac{3+1+0+1+3}{5} = 1.6(分)$

B 组平均差 $A.D. = \dfrac{\sum |x_i - \bar{x}|}{n} = \dfrac{29+2+0+11+20}{5} = 12.4(分)$

两组的平均分尽管都是 70 分，**但由平均差不同，可知 A 组的平均水平代表性更强，总体水平发挥稳定**．

2. 方差和标准差

一组数据中各数据值与该组数据的平均数的离差的平方的算术平均数，叫做**方差**，用符号 δ^2 或 s^2 表示．

设有 n 个数据 $x_1, x_2, \cdots, x_n$，则其方差计算公式为：

$$\delta^2 = \frac{1}{n} \sum_{i=1}^{n} (x_i - \bar{x})^2$$

在实际应用中常用到方差的算术平方根，这就是**标准差**（也叫均方差或简单标准差）．用符号 δ 或 s 表示．

简单标准差的计算公式为 $\delta = \sqrt{\dfrac{\sum (x_i - \bar{x})^2}{n}} \quad (i = 1,2,3,\cdots,n)$

例5-30 2008年8月8日举世瞩目的奥林匹克运动会在中国北京召开，全世界的运动员都在紧张忙碌地积极准备，希望在四年一次的奥运会上取得好的成绩，拿到金牌为自己的祖国争取荣誉．现在有个棘手的问题要做决定：目前有甲、乙两名运动员在相同条件下各射靶10次，命中的环数如表5-11所示．由于参加比赛名额只有一个，假设你是射击教练，你认为派谁去参加比赛更合适，为什么？

表5-11

| 甲 | 8 | 9 | 7 | 8 | 6 | 10 | 9 | 7 | 7 | 9 |
| 乙 | 9 | 7 | 8 | 8 | 8 | 8 | 7 | 8 | 8 | 9 |

分析：通过计算甲、乙两名运动员命中的平均环数都是8环，所以这个问题要求我们看甲、乙两名运动员射击目标的稳定性程度或波动程度了．可以通过求甲乙两人命中环数的方差进行比较．

解：第一步，计算算术平均数 $\bar{x}$，甲命中环数的平均数：

$$\bar{x} = \frac{8+9+7+8+6+10+9+7+7+9}{10} = 8 \text{（环）}$$

第二步，计算 x_i 与算术平均数 $\bar{x}$ 的离差：$x_i - \bar{x}$．

第三步，计算离差平方和：$\sum_{i=1}^{n}(x_i - \bar{x})^2$，见表5-12．

表5-12

x_i	8	9	7	8	6	10	9	7	7	9
$x_i - \bar{x}$	0	1	-1	0	-2	2	1	-1	-1	1
$(x_i - \bar{x})^2$	0	1	1	0	4	4	1	1	1	1
合计	14									

第四步，计算方差．

甲命中环数的方差：$s^2 = \frac{1}{n}\sum_{i=1}^{n}(x_i - \bar{x})^2 = \frac{14}{10} = 1.4$

比一比，谁计算快哦．

同理：乙命中环数的平均数为：

$$\bar{x} = \frac{9+7+8+8+8+8+7+8+8+9}{10} = 8 \text{（环）}$$

乙命中环数的方差：$s^2 = \frac{1}{n}\sum_{i=1}^{n}(x_i - \bar{x})^2$

$$= \frac{\begin{array}{l}(9-8)^2+(7-8)^2+(8-8)^2+(8-8)^2+(8-8)^2+\\(8-8)^2+(7-8)^2+(8-8)^2+(8-8)^2+(9-8)^2\end{array}}{10} = 0.4$$

所以乙射击的成绩比甲的更加稳定，应选派乙参赛更合适．

例 5-31 佳乐公司一班二组 10 名工人日组装机器件数为：5，7，7，8，8，8，8，10，11，12，试求该组工作组装机器件数的标准差．

解：$\bar{x} = \frac{5+7+7+8+8+8+8+10+11+12}{10} = \frac{84}{10} = 8.4$（件/人）

$$\delta = \sqrt{\frac{\sum(x_i - \bar{x})^2}{n}} = \sqrt{\frac{38.40}{10}} \approx 1.96$$

3. 离散系数

标准差与相应算术平均数的比值叫做**离散系数**，又叫**变动系数**．离散系数的计算公式为 $V_\delta = \frac{\delta}{\bar{x}} \times 100\%$．

例 5-32 上海 A 企业九月员工的平均工资是 3 000 元，标准差为 180 元，该月 B 企业员工的平均工资是 3 600 元，标准差为 200 元．问哪个企业平均工资离散程度小．

解：A 企业：$V_\delta = \frac{\delta}{\bar{x}} \times 100\% = \frac{180}{3\ 000} \times 100\% = 6\%$

B 企业：$V_\delta = \frac{\delta}{\bar{x}} \times 100\% = \frac{200}{3\ 600} \times 100\% = 5.56\%$

由于 B 企业员工的平均工资的标准差系数小于 A 企业员工，所以 B 企业员工月平均工资的离散程度小．

答：B 企业员工月平均工资的离散程度小．

例 5-33 根据表 5-13 和表 5-14 两组资料，比较离散程度．

表 5-13　　　　　　　　　成人组身高标准差计算

身高（厘米）x_i	离差 $x_i - \bar{x}$	离差平方 $(x_i - \bar{x})^2$
164	-4	16
166	-2	4
168	0	0
170	2	4
172	4	16
合计	—	40

表5-14　幼儿组身高标准差计算

身高（厘米）x_i	离差 $x_i - \bar{x}$	离差平方 $(x_i - \bar{x})^2$
71	-2	4
72	-1	1
73	0	0
74	1	1
75	2	4
合计	—	10

解： 成人组平均身高为：$\bar{x} = \dfrac{164+166+168+170+172}{5} = 168$（厘米）

成人组身高标准差为：$\sigma = \sqrt{\dfrac{40}{5}} = \sqrt{8} \approx 2.828$（厘米）

成人组身高离散系数为：$V_\delta = \dfrac{\delta}{\bar{x}} \times 100\% = \dfrac{2.828}{168} \times 100\% = 1.68\%$

幼儿组平均身高为：$\bar{x} = \dfrac{71+72+73+74+75}{5} = 73$（厘米）

幼儿组身高标准差为：$\delta = \sqrt{\dfrac{10}{5}} = \sqrt{2} \approx 1.414$（厘米）

幼儿组身高离散系数为：$V_\delta = \dfrac{\delta}{\bar{x}} \times 100\% = \dfrac{1.414}{73} \times 100\% = 1.94\%$

计算结果表明，成人组的标准差系数小于幼儿组，说明成人组身高的离散程度较小．

---

1. 离散系数值越大，说明总体中各数值的离散程度_____，则平均数的代表性就_____．
2. 计算下列各组数据的极差与方差：
  (1) 20，21，23，24，26；
  (2) 48，50，51，52，53，53，55．
3. 某车间有甲、乙两个生产组，甲组平均每个工人的日产量为36件，标准差为9.6件．乙组工人日产量资料如表5-15．要求：
(1) 计算乙组平均每个工人的日产量和标准差．
(2) 甲、乙两生产小组哪个组的日产量更有代表性？

表5-15

日产量（件）	工人数（人）
15	15
25	38
35	34
45	13

4. 广东某地区粮食生产资料如表 5-16，试计算该地区粮食平均亩产全距、平均差、标准差和离散系数．

表 5-16

耕地按亩产分组（公斤）	耕地面积（万亩）
425 以下	3.8
425~450	30.5
450~475	10.9
475~500	10.7
500 以上	80.1
合计	136.5

5. 万佳企业报告期生产出钢板 10 万件，现随机抽取其中的 1/10 组成样本，经检验，合格产品 0.986 万件，请计算样本中合格产品的成数及标准差．

6. 某船运集团公司为了加强货运管理，缩短货运候运日期，从去年的原始资料中随机地抽出 25 份，得到关于货物候船日期如下：（单位：天）12, 6, 12, 8, 25, 25, 20, 7, 11, 10, 19, 8, 17, 13, 11, 18, 3, 19, 22, 14, 13, 3, 2, 17, 15, 26. 试求其平均值和标准差．

7. 在某个生产车间工人的年龄调查中，从数据中得到 10 名工人的年龄数据如下：28, 25, 24, 30, 36, 40, 45, 48, 42, 38. 试计算 10 名工人年龄的平均差是多少岁？

8. 某个生产车间某组日产量零件数据如下：48, 54, 60, 60, 62, 64, 72. 计算该组日产量数据的方差．

习题 5.3

1. 判断下列命题的真假：
(1) 中位数是变量数列中出现次数最多的数值．（　）
(2) 众数是指将总体各单位的某一数量标志的各个数值，按大小顺序排列，居于中间位置的那个标志值．（　）
(3) 方差是描述变量离散程度的特征值，所以方差越大，均值的代表性就越差．（　）
(4) 如果两组变量的方差不同，说明它们均值的代表性不同．（　）
(5) 如果两组变量的均值相同，则这两组数据的标准差也相同．（　）
(6) 甲、乙两个班某次统计考试平均成绩相同，但数值差异不同，离散程度大的那个班比离散程度小的那个班学习成绩稳定．（　）
(7) 变量离散系数与平均数的代表性成正比．（　）
(8) 1987 年我国粮食产量平均每人为 368 千克，这是个平均指标．（　）

2. 选择题：
(1) 某校调研考试后，为了分析该校高三年级 800 名学生的学习成绩，从中随机抽取了 100 名学生的成绩单，就这个问题来说，下面说法正确的是（　）．
A. 800 名学生是总体　　　　　B. 每个学生是个体
C. 100 名学生的成绩是一个个体　　D. 样本容量是 100

(2) 为判断甲、乙两名学生的本学期几次数学考试成绩的稳定情况，通常要知道这两个同学数学成绩的（　　）.

A. 众数　　　　　　B. 平均值　　　　　　C. 中位数　　　　　　D. 标准差

(3) 统计平均数反映（　　）.

A. 变量分布的一般趋势　　　　　　B. 变量分布的离散趋势

C. 变量分布的典型特征　　　　　　D. 变量分布的集中趋势

(4) 在一次歌手大奖赛上，七位评委为某歌手打出的分数如下：9.4, 8.4, 9.4, 9.9, 9.6, 9.4, 9.7，去掉一个最高分和一个最低分后，所剩数据的平均值和方差分别为（　　）.

A. 9.4, 0.484　　　B. 9.4, 0.016　　　C. 9.5, 0.04　　　D. 9.5, 0.016

3. 求下列各组数据的中位数和众数：

(1) 28, 33, 33, 66, 84, 92;

(2) 90, 87, 78, 55, 55, 43, 43, 38, 29, 17.

4. 已知数据：90, 86, 91, 92, 91. 求这组数据的平均值和标准差.

5. 甲、乙两种玉米中各抽出 10 株，分别测得它们的株高如下（单位：cm）：

甲：25, 41, 40, 37, 22, 14, 19, 39, 21, 42;

乙：27, 16, 44, 27, 44, 16, 40, 40, 16, 40.

问：(1) 哪种玉米的苗长得高？(2) 哪种玉米的苗长得齐？

6. 某企业人员及工资情况见表 5 - 17.

表 5 - 17

人员	经理	管理人员	高级技工	普通工人	学徒	合计
周工资	3 200	650	500	400	200	
人数	1	6	5	10	1	23
合计	3 200	3 900	2 500	4 000	200	13 800

(1) 指出这个问题中的众数、中位数、平均数；

(2) 这个问题中平均数能客观的反映该企业的工资水平吗？为什么？

7. 计算数据 89, 93, 88, 91, 94, 90, 88, 87 的方差和标准差（标准差结果精确到 0.1）.

8. 某工厂有 400 名职工，工资资料如表 5 - 18，试计算该厂职工的平均工资、职工工资的标准差.

表 5 - 18

按月工资分组（元）	职工人数（人）	组中值（元）	x	xf	$x-\bar{x}$	$(x-\bar{x})^2$	$(x-\bar{x})^2 f$
450 ~ 550	60						
550 ~ 650	100						
650 ~ 750	140						
750 ~ 850	60						
850 ~ 950	40						
合计	400						

§5.4 概率与统计的应用举例

5.4.1 排列与组合的应用

学习目标：
会灵活运用排列数公式和组合数公式求解简单的实际问题．

在实际问题中经常要计算某个集合元素的个数．前面学过的计数基本原理：分类计数原理和分步计数原理，以及排列数、组合数的计算公式，是我们计数的主要方法．

例 5 - 34 用红、黄、蓝三面旗子按一定的顺序，从上到下排列在竖直的旗杆上表示信号，每次可以任挂一面、二面或三面，并且不同的顺序表示不同的信号，问一共可以表示多少种信号？

分析： 由于用任意一面、二面或三面旗子都可以表示某种信号，所以用一面旗子表示的信号对应着从3个元素中每次取出1个元素的排列，排列数是 A_3^1；用两面旗子表示的信号对应着从3个元素中每次取出2个元素的排列，排列数是 A_3^2；用三面旗子表示的信号对应着从3个元素中每次取出3个元素的排列，排列数是 A_3^3．由于以上三种形式都可以表示某一种信号，因而可以用加法原理．

解： 根据分类计数的加法原理和排列数公式，所求信号的种数是：
$$A_3^1 + A_3^2 + A_3^3 = 3 + 3 \times 2 + 3 \times 2 \times 1 = 15 （种）$$

例 5 - 35 有5个男孩，3个女孩站成一排．
（1）男孩不站在排头也不站在排尾，有几种不同的站法？
（2）男孩必须相邻有几种站法？

解：（1）由于男孩不站在排头也不站在排尾，因此可考虑先满足排头、排尾两个特殊位置的要求，从3个女孩任选2个站在两个位置，有 A_3^2 种方法，然后再让5个男孩与剩下的一个女孩站在剩下的6个位置，有 A_6^6 种方法．依分步计数原理，站法有 $A_3^2 \cdot A_6^6 = 3 \times 2 \times 6 \times 5 \times 4 \times 3 \times 2 \times 1 = 4\ 320$（种）

（2）由于5个男孩必须相邻，因此可先把他们看做一个整体而和3个女孩站排，有 A_4^4 种站法，然后再让5个男孩做全排，有 A_5^5 种站法．根据分步计数原理，站法有：
$$A_4^4 \cdot A_5^5 = 4 \times 3 \times 2 \times 1 \times 5 \times 4 \times 3 \times 2 \times 1 = 2\ 880 （种）$$

例 5 - 36 在产品检验时，常从产品中抽取一部分产品进行检查．现从100件产品中，任意抽取3件：
（1）一共有多少种不同的抽法？
（2）如果100件产品中有2件次品，抽出的3件中恰有1件次品的抽法共有多少种？
（3）如果100件产品中有2件次品，抽出的3件中至少有1件次品的抽法共有多少种？

解：(1) 所求的抽法总数，就是从 100 件产品中取出 3 件的组合数 $C_{100}^3 = \dfrac{100 \times 99 \times 98}{3 \times 2 \times 1} =$ 161 700（种）．

(2) 从 2 件产品中抽出 1 件次品的抽法有 C_2^1 种，从 98 件合格品中抽出 2 件合格品的抽法有 C_{98}^2 种，由分步计数原理，抽出 3 件中恰有 1 件次品的抽法的总数是 $C_2^1 \times C_{98}^2 = 9\,506$（种）．

(3) 从 100 件产品中抽出 3 件，一共有 C_{100}^3 种抽法，在这些抽法里，除抽出的 3 件都是合格品的抽法外，剩下的便是抽出的 3 件中，至少有 1 件是次品的抽法的种数，即：
$$C_{100}^3 - C_{98}^3 = 161\,700 - 152\,096 = 9\,604 \text{（种）}$$

例 5-37 已知集合 $\{1, 2, 3, 4, 5, 6, 7, 8, 9\}$，这个集合的子集中，含有 5 个元素，其中共有 3 个是偶数的子集共有多少个？

解：原集合共有 5 个奇数、4 个偶数．求子集的个数可以分两步，第一步，先从 4 个偶数中取 3 个有 C_4^3 种；第 2 步，从 5 个奇数中取 2 个共 C_5^2 种，由分步计数原理得到：
$$C_4^3 \times C_5^2 = 4 \times 10 = 40 \text{ 个}$$

例 5-38 某生产小组有 10 名工人，其中正、副组长各 1 名，现选派 4 名工人去参加抢救活动；

(1) 如果组长和副组长必须参加，有多少种选派法？

(2) 如果组长和副组长必须有一个且只需有 1 人参加，有多少种选派法？

(3) 如果组长和副组长都不参加，有多少种选派法？

(4) 如果组长和副组长至少有 1 人参加，有多少种选派法？

解：(1) 组长和副组长必须参加，可分两步考虑：第一步，先从组长和副组长 2 人中选 2 人，有 C_2^2 种选派法；第二步，再从除去 2 名组长以外的 8 名工人中选 2 名，有 C_8^2 种选法．根据分步计数原理，可求出共有 $C_2^2 \cdot C_8^2 = 1 \times \dfrac{8 \times 7}{2 \times 1} = 28$ 种选派法．

(2) 组长和副组长有且只有 1 人参加，可分两步考虑：第一步，先从组长和副组长 2 人中选 1 人，有 C_2^1 种选派法；第二步，再从除去 2 名组长以外的 8 名工人中选 3 人，有 C_8^3 种选派法．根据分步计数原理，可求出共有 $C_2^1 \cdot C_8^3 = 2 \times \dfrac{8 \times 7 \times 6}{3 \times 2 \times 1} = 112$ 种选派法．

(3) 组长和副组长都不参加，就要从除去组长和副组长以外的 8 名工人中选 4 人，共有 $C_8^4 = \dfrac{8 \times 7 \times 6 \times 5}{4 \times 3 \times 2 \times 1} = 70$ 种选派法．

(4) 如果组长和副组长至少有 1 人参加，可分成两种情况考虑：一种情况是组长和副组长两人中有 1 名且只有 1 名在内，有 $C_2^1 \cdot C_8^3 = 2 \times \dfrac{8 \times 7 \times 6}{3 \times 2 \times 1} = 112$ 种选派法；另一种情况是两名组长都在内，有 $C_2^2 C_8^2 = \dfrac{8 \times 7}{2 \times 1} = 28$ 种选派法．根据分类计数原理，即可求得结果，共有 $112 + 28 = 140$ 种选派法．

想一想

练习5.4.1

练一练

1. 用1~5这5个数字，可以组成多少个三位数？
2. 用1~6这6个数字，可以组成多少个没有重复数字的三位数？
3. 用0~5这6个数字，可以组成多少个没有重复数字的三位数？
4. 100件产品中有3件次品，从这100件产品中抽取4件，至少有1件是次品的抽法有多少种？
5. 某地的电话号码是由0~9中的8个数字组成（可以重复），问该城市最多可以装电话多少门？
6. 一种密码锁的密码由1~9中的5个数字组成（可以重复），问能组成多少个密码？
7. 抛掷6枚不同的硬币，问可能出现的结果共有多少种？
8. 从男乒乓球运动员8人和女乒乓球运动员4人中选出4人进行男女混合双打比赛，共有多少种比赛方法？
9. 由1，2，3，4这四个数，可以组成多少个不同的和？

5.4.2 概率的应用

学习目标：
会运用互斥事件、独立事件的公式，解决一些生活中出现的实际问题.

在日常生活和生产中，经常接触到诸如概率的问题，概率表示了一件事发生的可能性，这类问题在经济中也占有相当的比重.

例5-39 在100件产品中，其中8件色泽不合格，6件尺寸不合格，色泽和尺寸都不合格的有3件，现在从这100件产品中随机抽取一件检查，求抽取中不合格的概率.

解：设 A 表示"抽中色泽不合格的产品"，B 表示"抽中尺寸不合格的产品"，那么 AB 表示"抽中色泽和尺寸都不合格的产品".

$A+B$ 表示"抽中不合格的产品"，因为 A 与 B 不互斥，于是有：

$$P(A+B) = P(A) + P(B) - P(AB) = \frac{8}{100} + \frac{6}{100} - \frac{3}{100} = 0.11$$

答：抽中不合格的产品概率为0.11.

例5-40 一个工人看管4台机床，在一小时内机床不需要工人照管的概率：第一台是0.7，第二台是0.8，第三、第四台都是0.9，求：

（1）在一小时内4台机床都不需要工人照管的概率；
（2）在一小时内4台机床都需要工人照管的概率.

解：设在一小时内各台机床不需要工人照管的事件为 A_1，A_2，A_3，A_4，则在一小时内各台机床需要工人照管的事件为 $\overline{A_1}$，$\overline{A_2}$，$\overline{A_3}$，$\overline{A_4}$.

（1）在一小时内 4 台机床不需要工人照管的概率为多少？

$p(A_1 \cdot A_2 \cdot A_3 \cdot A_4) = 0.7 \times 0.8 \times 0.9 \times 0.9 = 0.4536$

答：（1）在一小时内 4 台机床不需要工人照管的概率为 0.4536．

（2）在一小时内 4 台机床需要工人照管的概率为：

$p(\bar{A}_1 \cdot \bar{A}_2 \cdot \bar{A}_3 \cdot \bar{A}_4) = (1-0.7)(1-0.8)(1-0.9)(1-0.9)$
$= 0.3 \times 0.2 \times 0.1 \times 0.1 = 0.0006$

答：在一小时内 4 台机床需要工人照管的概率为 0.0006．

练习5.4.2

1．抛掷两颗骰子，求：

（1）总数出现 7 点的概率；

（2）出现两个 4 点的概率．

2．甲、乙二人各射击一次，若甲击中目标的概率为 0.8，乙击中目标的概率为 0.6，试计算：

（1）二人都击中目标的概率；

（2）恰有一人击中目标的概率；

（3）最多有一人击中目标的概率．

3．宋先生忘记了一个电话号码的最后一位数字，只好任意去试拨，他第二次尝试才成功的概率是多少？

4．某射击手射击一次，击中目标的概率为 0.9，他连续射击 4 次且各次射击是否击中相互之间没有影响，求他第二次未击中，其他三次都击中的概率．

5．生产一种零件，出现次品的概率为 0.04，生产这种零件 4 件，求恰有 2 件次品的概率是多少？

6．现有 3 位医生及 7 位护士，从他们中抽 5 人组成下乡医疗小组，求：

（1）其中恰有 1 位医生的概率；

（2）抽到 5 位都是护士的概率．

7．甲、乙二人独立地射击同一目标，甲击中目标的概率是 0.9，乙击中目标的概率是 0.8，现二人各射击一次，计算：

（1）二人都击中目标的概率；

（2）甲击中而乙未击中目标的概率；

（3）恰有一人击中目标的概率；

（4）目标被击中的概率．

5.4.3 统计的应用

学习目标：
会灵活运用统计的平均数、变异指标的公式，解决生活中的实际问题．

在实际生活中,我们经常从新闻媒体、报刊上了解到国家或某企业、事业单位等开展了针对某项课题的调查研究工作.对于搜集资料如何处理,就必须对资料进行统计与分析,要运用平均指标、变异指标等来计算.

例 5-41 在某个生产车间工人的年龄调查中,从数据中得到 10 名工人的年龄数据如下:28,25,24,30,36,40,45,48,42,38. 试计算 10 名工人的平均年龄是多少岁?

分析:如果用 x 表示样本的各单位值,用 n 表示样本的单位数,用 $\bar{x}$ 表示平均年龄,根据有关的计算公式,$\bar{x} = \frac{1}{n}\sum_{i=1}^{n} x_i = \frac{1}{n}(x_1 + x_2 + \cdots + x_n)$,就可以计算出 10 名工人的平均年龄数.

解:根据分析,得 $\bar{x} = \frac{1}{n}\sum_{i=1}^{n} x_i = \frac{1}{n}(x_1 + x_2 + \cdots + x_n)$

$= \frac{1}{10}(28 + 25 + 24 + 30 + 36 + 40 + 45 + 48 + 42 + 38)$

$= \frac{1}{10} \times 356 = 35.6$(岁)

例 5-42 某个生产车间某组日产量零件数据如下:48,54,60,60,62,64,72. 计算该组日产量数据的方差.

分析:根据有关计算公式,先计算出该组日产量零件的平均数,$\bar{x} = \frac{1}{n}\sum_{i=1}^{n} x_i = \frac{1}{n}(x_1 + x_2 + \cdots + x_n)$.然后再计算该组日产量零件的方差,

$\delta^2 = \frac{1}{n}\sum_{i=1}^{n}(x_i - \bar{x})^2 = \frac{1}{n}[(x_1 - \bar{x})^2 + (x_2 - \bar{x})^2 + \cdots + (x_n - \bar{x})^2]$

解:根据公式得,$\bar{x} = \frac{1}{n}\sum_{i=1}^{n} x_i = \frac{1}{n}(x_1 + x_2 + \cdots + x_n) = \frac{1}{7}(48 + 54 + 60 + 60 + 62 + 64 + 72)$

$= \frac{1}{7} \times 420 = 60$(件)

$\delta^2 = \frac{1}{n}\sum_{i=1}^{n}(x_i - \bar{x})^2 = \frac{1}{n}[(x_1 - \bar{x})^2 + (x_2 - \bar{x})^2 + \cdots + (x_n - \bar{x})^2]$

$= \frac{1}{7}[(48-60)^2 + (54-60)^2 + (60-60)^2 + (60-60)^2 + (62-60)^2 + (64-60)^2 + (72-60)^2]$

$= \frac{1}{7} \times (114 + 36 + 0 + 0 + 4 + 16 + 114)$

$= \frac{1}{7} \times 344 = 49.14$

例 5-43 某班 50 名同学汉字输入速度如表 5-19,请求出本班同学汉字输入速度的平均差距.

表 5-19

速度（字/分钟）	人数（人）f
30 以下	5
30～40	15
40～50	20
50～60	7
60 以上	3

解：根据题意，整理如表 5-20.

表 5-20

速度（字/分钟）	人数（人）f	组中值 x	xf	$x-\bar{x}$	$|x-\bar{x}|$	$|x-\bar{x}|f$
30 以下	5	25	125	-17.6	17.6	88
30～40	15	35	525	-7.6	7.6	114
40～50	20	45	900	2.4	2.4	48
50～60	7	55	385	12.4	12.4	86.8
60 以上	3	65	195	22.4	22.4	67.2
合计	50	—	2 130	—	—	404

$$\bar{x} = \frac{\sum xf}{\sum f} = \frac{2\,130}{50} = 42.6(字／分钟)$$

$$A.D. = \frac{\sum |x-\bar{x}|f}{\sum f} = \frac{404}{50} = 8.08(字)$$

结果表明，全班同学汉字输入速度的平均差距为 8.08 字.

1. 从某班的一次数学测验试卷中取出 10 张作为一个样本，记录试卷的得分如下：

86，91，100，72，93，89，90，85，75，95. 样本平均数 $\bar{x} =$ _____，样本方差 $\delta^2 =$ _____.

2. 某中等财经职业学校为了了解学生的睡眠时间是否充足，随机抽查 500 名学生进行调查，结果如表 5-21 所示.

练习5.4.3

表 5-21　某中等财经职业学校 500 名学生睡眠时间

睡眠时间（小时/日）	学生人数（人）
6 以下	50
6~7	250
7~8	180
8 以上	20
合计	500

要求：(1) 用学生人数加权计算 500 名学生的平均睡眠时间；(2) 用人数比重加权计算 500 名学生的平均睡眠时间.

3. 对 10 名成人和 10 名幼儿的身高（厘米）进行抽样调查，结果如表 5-22 所示.

表 5-22

成人组	168	169	172	175	180	179	164	174	164	160
幼儿组	68	69	68	70	71	73	72	73	74	75

要求：(1) 计算成人和幼儿的平均身高；(2) 计算并比较哪一组的身高差异大.

习题5.4　做一做

1. 选择题

(1) 事件 A 与 B 相互独立，则以下结论正确的是：
A. $P(A) = 1 - P(B)$　　B. $P(A \cdot B) = P(A) \cdot P(B)$
C. $P(A + B) = P(A) + P(B)$　　D. $P(A \cdot B) = 0$

(2) 掷两颗骰子，得到 2 点的概率是：
A. $\frac{1}{4}$　　B. $\frac{1}{12}$　　C. $\frac{1}{36}$　　D. $\frac{1}{2}$

(3) 事件 A 与 B 互斥，它们都不是不可能事件，则以下结论错误的是：
A. $P(A + B) = P(A) + P(B)$　　B. $P(A) \neq 0$　　C. $P(B) \leq 1$　　D. $P(A) > P(B)$

(4) 任选一个不大于 20 的正整数，它恰好是 3 的整数倍的概率是：
A. $\frac{3}{20}$　　B. $\frac{1}{4}$　　C. 0.3　　D. 0.2

(5) 从一副 52 张扑克牌中，任抽一张得到黑桃的概率是：
A. $\frac{1}{52}$　　B. $\frac{1}{13}$　　C. $\frac{1}{4}$　　D. $\frac{1}{3}$

(6) 甲、乙两个射击的命中率都是 0.6，他们对着目标各自射击一次，恰有一人击中目标的概率是：
A. 0.36　　B. 0.48　　C. 0.84　　D. 1

(7) 会议室里有 50 人在开会，其中学生 35 人，家长 12 人，老师 3 人，现校长在门外听到有人在发言，则发言人是老师或学生的概率是：
A. $\frac{19}{25}$　　B. $\frac{3}{10}$　　C. $\frac{47}{50}$　　D. $\frac{1}{2}$

(8) 书包里装了会计、计算机、财税、营销 4 本课本，任取一本出来，则没有取到财税课本的概率是：
A. $\frac{1}{4}$　　B. 0　　C. $\frac{3}{4}$　　D. $\frac{1}{3}$

2. 填空题

(1) 必然事件的概率等于_____；不可能事件的概率等于_____；把一颗骰子掷一次点数大于 4 的概率等于_____.

(2) 甲、乙、丙三人任意站成一队，甲正好站在中间的概率是_____.

(3) 从某班的一次数学测验试卷中取出十张作为一个样本，记录试卷的得分如下：

86，91，100，70，95，89，90，80，80，95

样本平均数 $\bar{x}$ = _____，样本方差 δ^2 = _____.

3. 从 3 件一等品和 2 件二等品中任意抽出三件检查，求 2 件二等品全部抽出的概率.

4. 袋中有 5 个球（白球 3 个，黑球 2 个），从中任取 2 个，求：

(1) 取到全是白球的概率.

(2) 取到至少有 1 个白球的概率.

5. 某批产品 200 件，其中次品 4 件，现抽取 5 件检查，则：

(1) 其中恰有 4 件次品的抽法有多少种？

(2) 其中恰有 1 件次品的抽法有多少种？

6. 甲、乙两人共同射击一个目标，甲击中目标的概率是 0.6，乙击中目标的概率是 0.8. 计算：

(1) 两人都击中目标的概率；

(2) 目标被击中的概率；

(3) 甲击不中目标，乙击中目标的概率.

7. 某机构对某市 1 000 户居民家庭现有住房面积进行调查，资料如表 5 – 23.

要求：(1) 计算 1 000 户居民家庭的平均住房面积；(2) 计算 1 000 户居民家庭住房面积的全距、标准差和离散系数.

表 5 – 23

住房面积（m²）	户数（户）
40 以下	20
40 ~ 60	30
60 ~ 80	73
80 ~ 100	230
100 ~ 120	280
120 ~ 140	200
140 ~ 160	100
160 以上	67
合计	1 000

本章知识系统结构图

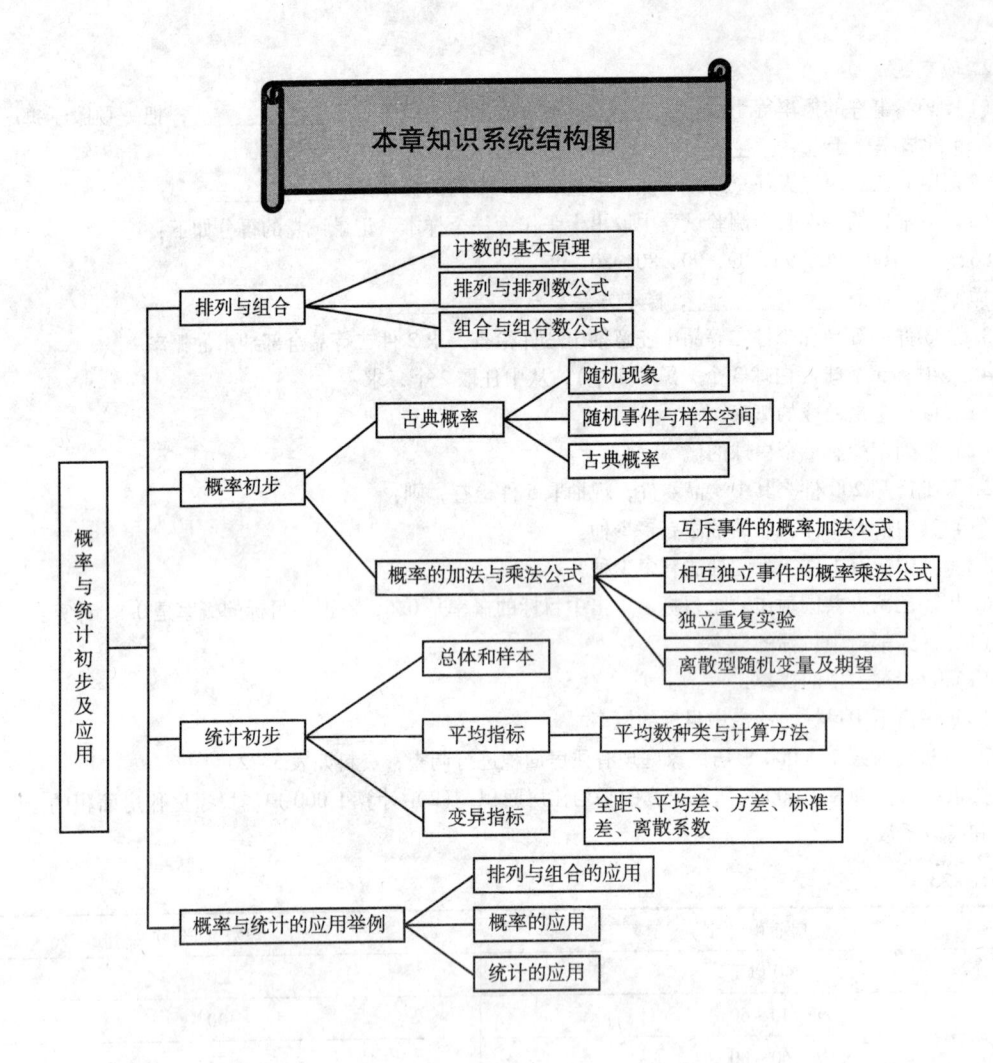

概率与统计初步及应用
- 排列与组合
  - 计数的基本原理
  - 排列与排列数公式
  - 组合与组合数公式
- 概率初步
  - 古典概率
    - 随机现象
    - 随机事件与样本空间
    - 古典概率
  - 概率的加法与乘法公式
    - 互斥事件的概率加法公式
    - 相互独立事件的概率乘法公式
    - 独立重复实验
    - 离散型随机变量及期望
- 统计初步
  - 总体和样本
  - 平均指标
    - 平均数种类与计算方法
  - 变异指标
    - 全距、平均差、方差、标准差、离散系数
- 概率与统计的应用举例
  - 排列与组合的应用
  - 概率的应用
  - 统计的应用

复习题

一、选择题

1. 一个学生要从 4 本语文书，3 本数学书，2 本英语书中任取一本，共有（　　）种不同的取法．
   A. 24　　　　　B. 9　　　　　C. 10　　　　　D. 14

2. 代数式 $(x_1+x_2+x_3+x_4)(y_1+y_2+y_3)$ 展开后共有（　　）项．
   A. 7　　　　　B. 6　　　　　C. 9　　　　　D. 12

3. 从 a, b, c, d, e 这 5 个元素中任意取出 2 个组成集合，则不同的集合共有（　　）个．
   A. 20　　　　　B. 10　　　　　C. 25　　　　　D. 5

4. 6 人参加打球、唱歌、跳舞三项活动，每项 2 人，不同的分组方法有（　　）种．
   A. 15　　　　　B. 30　　　　　C. 60　　　　　D. 90

5. 某乒乓球队有 9 名队员，其中 2 名是种子选手，现在要挑选 5 名队员参加比赛，种子选手都必须在内，那么不同的选法共有（　　）种．
   A. 126　　　　　B. 84　　　　　C. 35　　　　　D. 21

6. 某商店里有 10 种不同花色的上衣和 6 种不同花色的裙子，某人要买上衣和裙子各两件，那么他选择的方法共有（　　）种．
   A. 60　　　　　B. 675　　　　　C. 2 700　　　　　D. 1 350

7. 某小组有 4 名男生 3 名女生，现要组成一个男生数目为偶数，女生数目为奇数的小组，则组成的方法共有（　　）组．
   A. 28　　　　　B. 324　　　　　C. 18　　　　　D. 36

8. A，B，C，D，E 五人并排站在一排，如果 B 必须站在 A 的左边（A，B 可以不相邻），那么不同的排法共有（　　）种．
   A. 24　　　　　B. 60　　　　　C. 90　　　　　D. 120

9. 在 10 支铅笔中，有 8 支正品和 2 支次品．从中任取 2 支，恰好都取到正品的概率是（　　）．
   A. $\dfrac{4}{5}$　　　　B. $\dfrac{1}{5}$　　　　C. $\dfrac{28}{45}$　　　　D. $\dfrac{14}{45}$

10. 有一问题，在半小时内，甲能解决它的概率是 $\dfrac{1}{2}$，乙能解决它的概率是 $\dfrac{1}{3}$，如果两人都试图独立地在半小时内解决它，则两人在半小时内都未解决的概率为（　　）．
    A. $\dfrac{5}{6}$　　　　B. $\dfrac{1}{6}$　　　　C. $\dfrac{1}{2}$　　　　D. $\dfrac{1}{3}$

11. 在计算算术平均数时（　　）．
    A. 只能采用总量指标计算　　　B. 只能采用相对指标计算
    C. 只能采用平均指标计算　　　D. 既可以采用总量指标，也可以采用相对指标和平均指标计算

12. 一组数据中，各个数值与平均数离差之和（　　）．
    A. 为最小值　　　B. 为零　　　C. 等于各数值平均数之和　　　D. 等于各数值之和的平均数

13. 有 10 个数据值，它们与数值 5 的差分别是：-4，-3，-2，-1，0，1，2，3，4，5．由此可知（　　）．
    A. 这 10 个数中有负数
    B. 这十个数的平均数是 5

第 5 章　概率、统计初步及其应用

    C. 这十个数的平均数是零   D. 这十个数的平均数是5.5

14. 已知广州的甲、乙、丙三个农贸市场的某一种蔬菜的单价和购买额, 计算这种蔬菜的平均价格应采用（ ）.

    A. 算术平均数   B. 加权算术平均数   C. 简单调和平均数   D. 加权调和平均数

15. 大同厂两组工人加工同样的模具, 第一组工人每人加工模具数为 22, 15, 19, 18, 16; 第二组工人每人加工模具数为 20, 15, 12, 17, 26. 这两组工人加工模具数的离散程度（ ）.

    A. 第一组离散系数大于第二组   B. 第二组离散系数大于第一组

    C. 两组离散系数相同   D. 无法比较

二、填空题

1. $\dfrac{11!}{6! \times 3! \times 2!}=$ _____.

2. 5 个人站在一排照相, 不同的站法有 _____ 种.

3. 5 个人站在一排照相, 其中甲、乙二人不能站在一起的站法共有 _____ 种.

4. 从南、北两个方向分别有 5 条、3 条路通往山顶, 某人从一面上山由另一面下山, 共有 _____ 种走法.

5. 抛掷三枚硬币, 观察正面向上的情况, 这一试验的基本事件个数为 _____.

6. 抛掷一颗骰子, 出现 2 点或 4 点的概率等于 _____.

7. 抛掷两颗骰子, 出现点数之和等于 9 的概率等于 _____.

8. 抛掷三枚硬币, 至少出现一个反面的概率等于 _____.

9. 抛掷一颗骰子, $A=\{$点数是偶数点$\}$, $B=\{$点数是质数点$\}$, 则 $A \cup B=$ _____.

10. 已知 $A \cap B = \varnothing$, $P(A) = \dfrac{2}{5}$, $P(B) = \dfrac{2}{7}$, 则 $P(A \cup B) =$ _____.

三、解答题

1. 用 0, 1, 2, 3, 4, 5 这 6 个数字, 组成没有重复数字的五位数.

要求：（1）有多少个满足条件的五位数?

（2）有多少个满足条件的五位奇数?

（3）有多少个满足条件的比 40 000 小的五位数?

2. 某食品厂对 1 000 包方便面进行检验, 发现有 2 包的包装不合格, 若工商部门对这批产品随机抽取 5 包进行复检, 则:

（1）恰有 1 包是不合格品的概率是多少?

（2）至少有 1 包是不合格品的概率是多少?

3. 甲、乙两射击运动员分别对一目标射击 1 次, 甲射中的概率是 0.8, 乙射中的概率为 0.9, 求:

（1）2 人都射中的概率;

（2）2 人中恰有一人射中目标的概率;

（3）2 人中至少有 1 人射中目标的概率.

4. 某单位 36 人的血型类别是: A 型 12 人, B 型 10 人, AB 型 8 人, O 型 6 人. 现从这 36 人任选 2 人, 求此 2 人血型不同的概率.

5. 回答下列问题, 请简单说明理由.

（1）某水库的平均深度为 2.5 米, 一个身高 1.7 米但不会游泳的人下水后肯定会淹死吗?

（2）某重点高中录取新生的平均成绩是 596 分, 如果某学生的考分是 592 分, 他肯定没有被这个学校录取吗?

(3) 9位中学生的球鞋鞋号分别是：35，35，36，36，36，36，37，37，37. 这组数据的平均数、中位数和众数中哪个指标是鞋厂最为留意的.

6. 从会计07（1）班55名同学中抽取10名同学，每人身高如下（单位：cm）：
168，157，160，172，165，162，175，159，170，161.
（1）在这个问题中，总体、个体、样本和样本的容量各指什么？
（2）计算样本平均数及样本方差.

7. 分别求出下面一组数据的平均数、众数和中位数：10，40，20，25，50，80，30，90，50，40，45.

8. 在一批零件中，随机抽取10件测量其长度得如下数据（单位：mm）：
20.1，19.9，19.8，20.1，20.2，19.8，19.9，20.0，20.2，20.0.
试估计这批零件的平均长度和标准差.

9. 甲、乙两单位人数及月工资资料如表5-24.

表5-24

月工资（元）	甲单位人数（人）	乙单位人数（人）
400以下	4	2
400～600	25	18
600～800	84	73
800～1 000	126	103
1 000以上	28	42

要求：（1）比较甲、乙两单位平均工资水平的高低.
（2）分别计算两单位平均工资的平均差、标准差和离散系数，并对平均数的代表性作简要的比较说明.

读一读

概率论的起源

掷骰子赌博至少有五个世纪的历史了,早在1494年,意大利的帕奇欧里(Poqiouli)在一本有关计算技术的教科书中,提出了一个问题是,一场赌赛,胜六局才算赢,当两个赌徒一个胜五局,另一个胜两局时,中止赌赛,赌金该怎样分配才合理?帕奇欧里给出的答案是按5:2分。

后来人们一直对这种分配原则表示怀疑,但没有一个人提出更合适的办法来。

时间过去了半个世纪,另一名意大利数学家卡当(Kadan)(1501-1576)经常出入赌场赌博,并潜心研究赌博不输的方法,并出版了一本《赌博之书》。在这本书里他提出了这样的一个问题:把两颗骰子掷出去,以两颗骰子的点数和作赌,那么点数的和押多少最有利?卡当认为7最好。因为两颗骰子的各种形态有36组,而点的不同的和有2,3,4,5,6,7,8,9,10,11,12共11组,7是最容易出现的点子和(如下表中对角线上的数字)。

	1	2	3	4	5	6
1	2	3	4	5	6	7
2	3	4	5	6	7	8
3	4	5	6	7	8	9
4	5	6	7	8	7	10
5	6	7	8	9	10	11
6	7	8	9	10	11	12

卡当对这个问题的思考方法,在当时是非常杰出的思想方法,但真正的概率论还没有出现。不过卡当对帕奇欧里提出的问题进行过研究,提出过疑义,指出需要分析的不是已经赌过的次数,而是剩下的次数。卡当对问题的解决,虽然有了正确的思路,但没有得出正确的答案。

赌博在欧洲的贵族中极为盛行,分赌金的问题引起众多赌徒的思考。

时间又过了一个世纪,1651年法国著名数学家帕斯卡(Pasica)(1623-1662)收到了法国大贵族、也是大赌徒德·美黑(De. Meihei)的一封信,在信中向帕斯卡请教分赌金的问题:"两个赌徒规定谁先赢s局就算赢了。如果一人赢a($a<s$)局,另一人赢b局时赌博中止了,应该怎样分配赌金才算公平合理?"

这个问题把帕斯卡给难住了。帕斯卡苦思冥想了3年才悟出了满意的解法。于1654年7月29日把这个问题连同解答寄给了法国数学家费马(FeiMa)(1601-1665)。不久,费马在回信中给出另一解法,他们两人频繁通信,深入探讨这类问题。这个信息,后来被荷兰数学家惠更斯(Hui Ging Si)获悉,惠更斯对这类问题倍感兴趣,很快地也加入了

财经应用数学拓展模块

对这类问题的探讨，并把对这类问题的探讨的结果载入 1657 年出版的《论骰子游戏中的推理》一书中。这本书引入了数学期望的概念，是概率论的第一部著作。这样数学的一个新分支——概率论诞生了。至此，延续了一个半世纪分赌金的疑难问题，也在概率论的诞生与发展中得到了解决。

概率论已经在生产实践中得到广泛的应用。实际上，概率论是在生产和生活中得到广泛应用之后才得以发展的。